머리가 좋아지는 창의력 성경

꼭꼭 씹어 먹는

신약 4

로마서 · 고린도전후서
갈라디아서 · 에베소서

차영회 지음

바이블하우스

머리가 좋아지는 창의력 성경

꼭꼭 씹어 먹는 신약 4

초판 1쇄 인쇄 | 2017년 4월 10일
초판 1쇄 발행 | 2017년 4월 15일

지은이 | 차영회
펴낸이 | 박종태
펴낸곳 | 바이블하우스
등 록 | 2016년 6월 29일(제410-251002010000194호)
주 소 | 경기도 고양시 일산서구 송산로 499-10
전 화 | (031) 907-3927
팩 스 | (031) 905-3927
전자우편 | visionbooks@hanmail.net
디자인 | 참디자인(02) 3216-1085

보급처 | (주)비전북 (031) 907-3927

ISBN 978-89-97054-14-5 63230
(세트) 978-89-965295-7-6 63230

『꼭꼭 씹어 먹는 성경 시리즈』 발행 계획

	구분	꼭꼭 씹어 먹는 성경 시리즈	내용
1		꼭꼭 씹어 먹는 구약 1 창세기	창세기
2		꼭꼭 씹어 먹는 구약 2 출애굽기, 레위기, 민수기	출애굽기, 레위기, 민수기
3		꼭꼭 씹어 먹는 구약 3 신명기, 여호수아, 사사기, 룻기	신명기, 여호수아, 사사기, 룻기
4	**구약 7권**	꼭꼭 씹어 먹는 구약 4 사무엘, 열왕기	사무엘상하, 열왕기상하
5		꼭꼭 씹어 먹는 구약 5 역대기부터 에스더까지	역대상하, 에스라, 느헤미야, 에스더
6		꼭꼭 씹어 먹는 구약 6 욥기부터 예레미야까지	욥기, 시편, 잠언, 전도서, 아가, 이사야, 예레미야
7		꼭꼭 씹어 먹는 구약 7 에스겔부터 말라기까지	에스겔, 다니엘, 호세아, 요엘, 아모스, 요나, 미가, 오바댜, 나훔, 학개, 하박국, 스바냐, 스가랴, 말라기
8		꼭꼭 씹어 먹는 신약 1 예수님 이야기 1 (4복음서)	마태복음, 마가복음, 누가복음, 요한복음
9		꼭꼭 씹어 먹는 신약 2 예수님 이야기 2 (4복음서)	마태복음, 마가복음, 누가복음, 요한복음
10	**신약 5권**	꼭꼭 씹어 먹는 신약 3 사도행전	사도행전
11		꼭꼭 씹어 먹는 신약 4 로마서부터 에베소서까지	로마서, 고린도전후, 갈라디아서, 에베소서
12		꼭꼭 씹어 먹는 신약 5 빌립보서부터 요한계시록까지	빌립보서, 골로새서, 데살로니가전후, 디모데전후, 디도서, 빌레몬서, 히브리서, 야고보서, 베드로전후, 요한 1,2,3서, 요한계시록
전체	**신·구약 66권 전권**		306과 (구약 176과 + 신약 130과)

꼭꼭 씹어 먹는
성경 시리즈를 내면서

'아이들이 성경을 즐겁게 배울 수는 없을까?'

지금으로부터 18년 전, 아빠로서 두 아이에게 성경을 가르쳐야겠다고 생각하면서부터 이런 고민을 하게 되었습니다. 그래서 '즐겁고 재미있는 성경 공부'에 대한 연구를 시작했습니다. 처음에는 어설프게 만든 성경 교재로 필자의 아이들에게 시험 삼아 가르쳤습니다. 그리고 같이 참여하기를 원하는 부모들과 아이들이 늘어나면서 아이들 눈높이에 맞는 교재를 만들기 위해 더욱더 노력해 왔습니다. 10년이 넘는 동안 500여 개 교회의 많은 부모와 아이들이 짧게는 한 달부터 길게는 6년 동안이나 이 교재를 가지고 성경을 공부할 수 있었고, 그 과정을 통해 수렴된 의견들을 반영하여 『꼭꼭 씹어 먹는 성경 시리즈』를 발행하게 되었습니다.

이 책의 학습 효과는 다음과 같습니다.

첫째, 기억력을 향상시킵니다.

이 책의 독특한 학습 방법과 요절암송카드로 기억력을 향상시킬 수 있습니다.

둘째, 창의력과 상상력을 키워 줍니다.

열린 질문과 다양한 학습 방법을 통해 창의력을 키워 주며 그림 그리기와 성경 본문의 상황에 자신을 대입하는 질문을 통해 호기심과 상상력을 키워 줍니다.

셋째, 사고력, 집중력, 문장력을 길러 줍니다.

깊은 생각을 요구하는 질문과 흥미로운 활동으로 사고력과 집중력을 길러 주며 이 책의 프로그램에 따라 공부하다 보면 자연스럽게 글짓기 능력이 향상됩니다.

넷째, 진리를 발견하고 은혜를 받습니다.

가장 큰 학습 효과는 『꼭꼭 씹어 먹는 성경 시리즈』를 재미있고 즐겁게 공부하면서 스스로 성경 속에 숨겨진 진리를 발견하고 은혜를 받는다는 것입니다. 필자가 처음으로 가르친 딸아이는 대학생이 되었는데 매일 말씀을 묵상하는 즐거운 습관을 갖게 되었습니다. 이를 보면서 필자는 어려서 성경 교육이 매우 중요하다는 것을 새삼 깨닫게 되었습니다.

이 책이 만들어지기까지 많은 분들의 수고가 있었습니다. 이론적 근거를 지도해 주신 윤화석 · 유명복 · 김선요 교수님, 본문의 신학적 검토를 해 주신 정기영 · 이성진 · 강신태 목사님, 함께 내용을 고민해 준 한기호 · 유민정 · 백진희 선생님, 자녀들에게 직접 가르치며 함께 참여했던 전국의 많은 '성경 공부방' 어머니들입니다.

『꼭꼭 씹어 먹는 성경 시리즈』는 아이들이 매일 1과씩 공부하면 1년에 성경 전체를 마칠 수 있도록 계속해서 발간될 것입니다. 하나님께서 베푸시는 은혜 가운데 이 일이 잘 진행될 수 있도록 기도해 주시면 감사하겠습니다.

말씀으로 행복한 아이, 행복한 부모를 꿈꾸며
2017년 3월
차 영 회

꼭꼭 씹어 먹는

신약4 구성 예

＊ 교사용 지도 지침서는
아래 사이트를 참고하세요.
http://cafe.daum.net/bibleboy

본문 핵심 말씀 요절
(외우기로 활용)

동화 형식으로 재구성된
이해하기 쉽고
재미있는 본문

그림
(본문의 내용을 상징적으로
표현)

1과

로마를 향한 바울의 사랑

로마서 1:1
예수 그리스도의 종 바울은 사도로 부르심을 받아 하나님의 복음을 위하여 택정함을 입었으니

로마서는 바울이 로마 교회와 로마에 있는 모든 그리스도인들에게 쓴 편지에요. 바울은 로마에 가기를 간절히 원했으나 뜻을 이루지 못했어요. 그래도 언젠가는 로마를 방문하게 될 것을 기대하면서 편지를 썼어요. 그것이 로마서에요.

로마는 예루살렘을 멸망시키고 많은 사람들을 노예로 잡아갔어요. 하지만 이스라엘의 명절에는 로마로 끌려간 사람들도 이 예루살렘을 찾아와 예배를 드렸어요.

그때 많은 사람들이 예수님의 제자들이 전하는 복음을 듣고 로마로 돌아갔기 때문에 로마에도 그리스도인들이 많아졌을 것이라고 전해지고 있어요.

로마서를 기록한 목적은 크게 두 가지에요. 첫째는 로마 교회 교인들에게 기독교의 진리를 자세히 가르쳐주기 위함이에요. 곧 구원은 믿음으로 하나님 앞에서 의롭게 된 사람들이 받으며 의롭게 된 사람들은 어떻게 살아야하는지 알려주려고 했어요.

둘째는 바울이 스페인에 복음 전하는 일에 로마에 있는 그리스도인들이 함께 하기를 바라는 마음에서 기록했어요.

모든 사람은 죄인이며 구원을 받아야 하며 구원은 오직 믿음으로만 얻을 수 있어요. 또한 예수님을 믿는 사람들은 생활 속에서 믿음이 드러나는 삶을 살아야 해요.

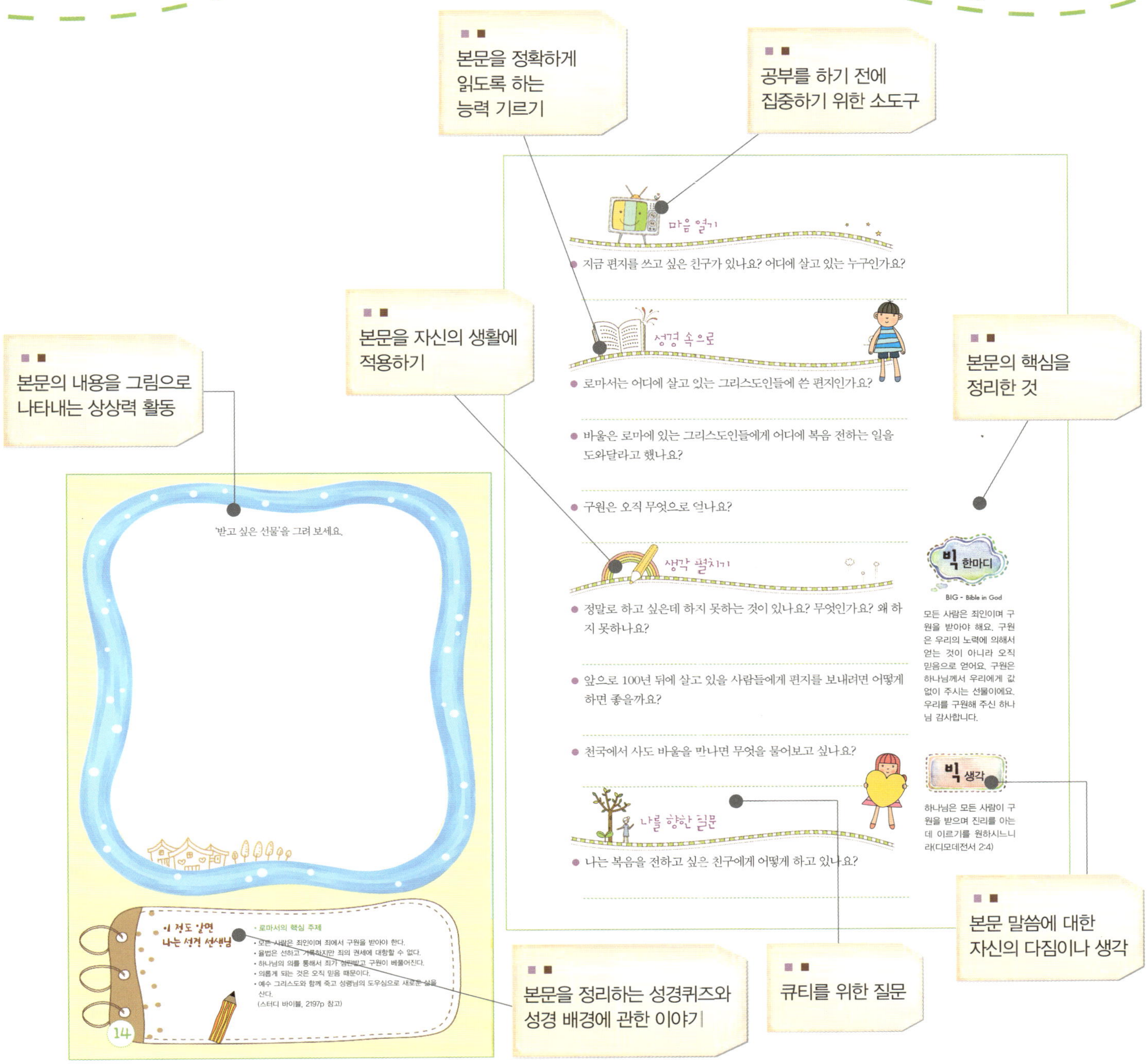

* 참고 도서

1. 김경진, 『복음서-행전 연구 강의안』, 백석대학교신학대학원
2. 홍인규, 『바울신학 사색』, 미래서원
3. 레온 우드, 『이스라엘의 역사』, 기독교문서선교회
4. 신약개론, 『D. A 카슨. 더글라스』, 은성
5. 김흔중, 『성서의 역사와 지리』, 엘맨

차례

1과

로마를 향한 바울의 사랑

로마서 1:1
예수 그리스도의 종 바울은 사도로 부르심을 받아 하나님의 복음을 위하여 택정함을 입었으니

로마서는 바울이 로마 교회와 로마에 있는 모든 그리스도인들에게 쓴 편지에요. 바울은 로마에 가기를 간절히 원했지만 뜻을 이루지 못했어요. 그래도 언젠가는 로마를 방문하게 될 것을 기대하면서 편지를 썼어요. 그것이 로마서에요.

로마는 예루살렘을 멸망시키고 많은 사람들을 노예로 잡아갔어요. 하지만 이스라엘의 명절에는 로마로 끌려간 사람들도 이 예루살렘을 찾아와 예배를 드렸어요.

그때 많은 사람들이 예수님의 제자들이 전하는 복음을 듣고 로마로 돌아갔기 때문에 로마에도 그리스도인들이 많아졌을 것이라고 전해지고 있어요.

로마서를 기록한 목적은 크게 두 가지에요. 첫째는 로마 교회 교인들에게 기독교의 진리를 자세히 가르쳐 주기 위함이에요. 곧 구원은 믿음으로 하나님 앞에서 의롭게 된 사람들이 받으며 의롭게 된 사람들은 어떻게 살아야하는지 알려주려고 했어요.

둘째는 바울이 스페인에 복음 전하는 일에 로마에 있는 그리스도인들이 함께 하기를 바라는 마음에서 기록했어요.

모든 사람은 죄인이며 구원을 받아야 하는데 구원은 오직 믿음으로만 얻을 수 있어요. 또한 예수님을 믿는 사람들은 생활 속에서 믿음이 드러나는 삶을 살아야 해요.

마음 열기

- 지금 편지를 쓰고 싶은 친구가 있나요? 어디에 살고 있는 누구인가요?

성경 속으로

- 로마서는 어디에 살고 있는 그리스도인들에게 쓴 편지인가요?

- 바울은 로마에 있는 그리스도인들에게 어디에 복음 전하는 일을 도와달라고 했나요?

- 구원은 오직 무엇으로 얻나요?

생각 펼치기

- 정말로 하고 싶은데 하지 못하는 것이 있나요? 무엇인가요? 왜 하지 못하나요?

- 앞으로 100년 뒤에 살고 있을 사람들에게 편지를 보내려면 어떻게 하면 좋을까요?

- 천국에서 사도 바울을 만나면 무엇을 물어보고 싶나요?

나를 향한 질문

- 나는 복음을 전하고 싶은 친구에게 어떻게 하고 있나요?

빅 한마디

BIG - Bible in God

모든 사람은 죄인이며 구원을 받아야 해요. 구원은 우리의 노력에 의해서 얻는 것이 아니라 오직 믿음으로 얻어요. 구원은 하나님께서 우리에게 값없이 주시는 선물이에요. 우리를 구원해 주신 하나님 감사합니다.

빅 생각

하나님은 모든 사람이 구원을 받으며 진리를 아는 데에 이르기를 원하시느니라(디모데전서 2:4)

'받고 싶은 선물'을 그려 보세요.

이 정도 알면 나는 성경 선생님

● 로마서의 핵심 주제

- 모든 사람은 죄인이며 죄에서 구원을 받아야 한다.
- 율법은 선하고 거룩하지만 죄의 권세에 대항할 수 없다.
- 하나님의 의를 통해서 죄가 심판받고 구원이 베풀어진다.
- 의롭게 되는 것은 오직 믿음 때문이다.
- 예수 그리스도와 함께 죽고 성령님의 도우심으로 새로운 삶을 산다.

(스터디 바이블, p 2197 참고)

2 과

죄인을 구원하는 복음

> 로마서 1:16
> 내가 복음을 부끄러워하지 아니하노니 이 복음은 모든 믿는 자에게 구원을 주시는 하나님의 능력이 됨이라

모든 사람은 죄인이에요. 의인은 하나도 없으며(3:10), 하나님을 찾는 사람도 없고 하나님을 두려워하지도 않아요(3:18).

사람이 원래 이런 상태는 아니었어요. 하나님께서 세상을 창조하실 때 사람과 모든 것들은 하나님을 알고 예배하도록 지어졌어요. 하나님께서 만드신 만물을 보면 하나님의 영원하신 능력과 신성을 분명히 알 수 있었어요(1:20).

그러나 사람들은 하나님을 믿지 않을 뿐더러 하나님이 없다고 하면서 살았어요. 마음이 어두워졌고 더러운 욕심에 사로잡혀 하나님께서 만드신 질서를 깨뜨리고 있어요(1:26-27).

모든 사람은 죄인이 되어 하나님의 심판 아래에 있게 되었어요(3:19). 그럼에도 하나님께서는 아들을 이 땅에 보내셔서 우리의 죄를 대신 지게 하시고 우리를 구원하도록 하셨어요. 이 좋은 소식이 복음이에요.

복음은 예수 그리스도가 하나님의 아들이심을 믿는 것이에요. 예수 그리스도가 우리의 죄를 대신 지고 죽으심과 다시 부활하심을 믿는 것이에요. 오직 예수 그리스도를 통해서만 구원을 얻을 수 있음을 믿는 것이에요.

이런 복음은 사람의 힘이나 능력으로 얻는 것이 아니라 하나님의 은혜로 주어진답니다(1:16). 그래서 우리는 복음을 전하는 것이 부끄럽지 않고 자랑스러워요.

마음 열기

● 지금 다니고 있는 교회에 대해서 자랑해 보세요.

성경 속으로

● 모든 사람은 의인인가요, 죄인인가요?

● 사람들은 마음이 어두워졌고 더러운 욕심에 사로잡혀 하나님께서 만드신 무엇을 깨뜨리고 있나요?

● 복음은 무엇을 믿는 것인가요?

생각 펼치기

● 돈이 많은 순서대로 천국을 간다면 어떤 일이 생길까요?

● 돈으로 살 수 없는 것들은 어떤 것이 있을까요?

나를 향한 질문

● 나는 교회를 다니고 있음이 부끄럽지 않은가?

빅 한마디

BIG - Bible in God

복음은 예수 그리스도가 하나님의 아들이심을 믿는 것이에요. 예수 그리스도가 우리의 죄를 대신 지고 죽으심과 다시 부활하심을 믿는 것이에요. 오직 예수 그리스도를 통해서만 구원을 얻을 수 있음을 믿는 것이에요. 그래서 우리는 복음이 자랑스럽답니다.

빅 생각

성령님의 도우심으로 하나님의 자녀답게 살자.

마음에 욕심이 가득한 모습을 그려 보세요.

하나님을 두려워하지 않는 사람들의 생각을 그려 보세요.

도전! 아무나 풀지 못하는 성경 퀴즈

다음 (　　) 안에 공통으로 들어갈 말을 써 보세요.

1. 복음에는 하나님의 의가 나타나서 (　　　)으로 (　　　)에 이르게 하나니 기록된 바 오직 의인은 (　　　)으로 말미암아 살리라 함과 같으니라(로마서 1:17)

2. 또한 그들이 (　　　) 하나님 두기를 싫어하매 하나님께서 그들을 그 상실한 (　　　)대로 내버려 두사 합당하지 못한 일을 하게 하셨으니(로마서 1:28)

3 과

우리는 어떻게 구원을 받을까?

로마서 3:24
그리스도 예수 안에 있는 속량으로 말미암아 하나님의 은혜로 값없이 의롭다 하심을 얻은 자 되었느니라

아담과 하와는 하나님처럼 되고 싶은 욕심에 하나님의 말씀을 어겼어요. 아담과 하와는 모든 인간을 대표하여 하나님과 약속을 맺었어요. 그런데 인간의 대표가 죄를 짓고 타락했기 때문에 우리도 죄인이 된 것이에요(5:18-19).

죄의 값은 사망이에요. 그러나 하나님께서는 우리를 사랑하셔서 죄로부터 구원하기로 하셨어요. 그래서 죄 없으신 하나님의 아들 예수 그리스도를 보내셨어요. 보통 사람들처럼 태어나면 죄의 속성을 물려받기 때문에 결혼하지 않은 처녀의 몸에서 성령으로 잉태되어 태어나셨어요.

예수님은 이 땅에 오셔서 우리를 하나님과 화해시키려고 자신을 희생 제물로 드리셨어요(히 9:25). 우리를 위하여 십자가에서 죽으셨어요. 그러나 죽음을 이기고 부활하셨어요. 그리고 하나님 오른쪽에 앉으셔서 우리의 죄를 변호하고 계셔요.

하나님께서는 우리의 모든 죄를 용서해 주셨어요. 예수님께서 자신을 희생 제물로 드리시고 우리를 위한 구원의 길을 열어 주셨기 때문이에요. 그러므로 구원은 사람의 힘으로 얻는 것이 아니에요.

성령님께서 예수 그리스도를 믿게 하시고 구원을 선물로 주셔요. 예수님의 죽음으로 우리는 죄 사함을 받게 되었고 예수 그리스도를 믿음으로 구원을 얻게 된답니다(3:21).

마음 열기

● 나는 어떻게 해서 교회를 다니게 되었나요?

성경 속으로

● 죄의 값은 무엇인가요?

● 예수님은 우리를 하나님과 화해시키려고 자신을 무엇으로 드리셨나요?

● 성령님께서 예수 그리스도를 믿게 하시고 구원을 무엇으로 주시나요?

생각 펼치기

● 선물은 어떤 사람에게 주나요?

● 친구끼리 서로 다투고 사이가 멀어졌을 때 어떻게 하면 다시 친해질 수 있을까요?

● 예수님은 나에 대해서 하나님께 뭐라고 소개하실까요?

나를 향한 질문

● 나는 구원이 선물이라는 것을 믿나요?

빅 한마디

BIG - Bible in God

하나님께서는 우리를 사랑하셔서 죄 없으신 예수 그리스도를 보내셨어요. 예수님은 우리를 하나님과 화해시키려고 자신을 희생 제물로 드리셨어요. 예수님의 죽음으로 하나님께서는 우리의 모든 죄를 용서해 주셨어요. 그러므로 구원은 사람의 힘으로 얻는 것이 아니고 하나님께서 주시는 선물이에요.

빅 생각

구원은 사람의 힘으로 얻는 것이 아니고 하나님께서 주시는 선물이다.

희생 제물이 되시는 예수님의 모습을 그려 보세요.

내가 구원을 선물로 받는 모습을 그려 보세요.

도전!
아무나 풀지 못하는
성경 퀴즈

1. 그리스도 예수 안에 있는 속량으로 말미암아 하나님의 은혜로 (   ) 의롭다 하심을 얻은 자 되었느니라(로마서 3:24)
① 돈 주고 ② 안 ③ 값없이 ④ 성적순으로

2. 그러므로 사람이 의롭다 하심을 얻는 것은 율법의 행위에 있지 않고 (   )으로 되는 줄 우리가 인정하노라(로마서 3:28)
① 믿음 ② 돈 ③ 얼굴 ④ 노력

4과

오직 믿음으로 의롭게 되어요

로마서 5:1
그러므로 우리가 믿음으로 의롭다 하심을 받았으니

예수님을 믿으면 하나님께서는 우리의 죄를 다 용서해 주시고 의롭다고 인정해 주세요. 그러므로 우리는 더 이상 하나님의 심판을 두려워하지 않고 평안을 누리며 살 수 있어요.

복음을 듣고 예수님을 받아들이면 성령님께서 우리 마음에 찾아오신답니다. 성령님은 예수님이 하나님의 아들이시며 나의 죄를 대신하여 십자가에서 돌아가셨고 사흘 만에 다시 부활하셨다는 것을 믿게 해 주셔요.

예수 그리스도를 나의 구주*로 받아들이고 따르는 것이 믿음이에요. 예수님을 믿을 때 우리 마음속에 있는 성령님이 우리를 변화시키셔요. 죄의 끔찍함을 깨닫게 되고 하나님이 누구신가를 알게 되며 새롭게 살려고 다짐을 하게 돼요.

예수님을 믿는 사람은 마음뿐만 아니라 말과 행동이 달라지면서 예수님을 닮아 가려고 해요. 우리 안에 계시는 성령님께서 우리를 새로운 사람이 되도록 이끌어 주시기 때문이에요.

그러므로 우리가 의롭게 되는 것은 우리의 능력이나 노력에 의해서가 아니에요. 예수님 때문이에요. 우리가 예수님을 믿을 때 성령님께서 찾아오셔서 우리의 마음과 행동을 변화시켜 주셔요.

***구주** : 세상의 악이나 위험으로부터 인류를 구원하는 주인

마음 열기

● 나의 습관 중에서 바꾸고 싶은 것은 무엇인가요?

성경 속으로

● 우리가 복음을 듣고 예수님을 믿을 때 누가 우리 마음에 찾아오시나요?

● 예수님을 믿을 때 우리 마음속에 있는 누가 우리를 변화시키나요?

● 우리 안에 계시는 누가 우리를 새로운 사람이 되도록 이끌어 주시나요?

생각 펼치기

● 하나님의 심판이 두려운 이유는 무엇일까요?

● 예수님을 만난다면 나의 어떤 점을 변화시켜 달라고 말하고 싶나요?

● 구원을 돈으로 얻을 수 있다면 어떤 일이 벌어질까요?

나를 향한 질문

● 성령님이 내 마음에 찾아오심을 믿나요?

빅 한마디

BIG - Bible in God

예수님을 믿는 사람은 마음뿐만 아니라 말과 행동이 달라지면서 예수님을 닮아 가려고 해요. 우리 안에 계시는 성령님께서 우리를 새로운 사람이 되도록 이끌어 주시기 때문이에요. 성령님 제게 오셔서 저를 이끌어 주세요.

빅 생각

우리는 하나님의 뜻을 실천하며 사는 보배로운 존재이다.

마음의 문이 열리는 소리는 어떻게 날까요?

우리 마음에 믿음이 생기는 모습을 그려 보세요.

도전! 아무나 풀지 못하는 성경 퀴즈

1. 그러므로 우리가 (　　　　)으로 의롭다 하심을 받았으니 우리 주 예수 그리스도로 말미암아 하나님과 화평을 누리자(로마서 5:1)

① 운동　② 믿음　③ 성적　④ 돈

2. 그뿐 아니라 이제 우리로 (　　　　)하게 하신 우리 주 예수 그리스도로 말미암아 하나님 안에서 또한 즐거워하느니라(로마서 5:11)

① 공부　② 화장　③ 수목　④ 화목

5과

하나님을 "아빠 아버지"라고 불러요

로마서 8:15
너희는 다시 무서워하는 종의 영을 받지 아니하고 양자의 영을 받았으므로 우리가 아빠 아버지라고 부르짖느니라

이제 우리는 예수님으로 말미암아 더 이상 죄인이 아니에요. 우리는 죄를 따르지 않고 성령의 인도하심을 받아요. 하나님께서는 우리를 자녀로 인정하셨어요. 모두 예수님 덕분이에요.

사람이 태어나면 출생신고를 하듯이 하나님께서는 우리를 영원한 생명책에 기록하셨어요. 우리는 완전한 하나님의 자녀가 되었어요. 그래서 우리는 하나님을 "아빠 아버지"라고 부를 수 있어요.

하나님의 자녀는 성령의 인도하심을 따라 사는 사람이에요. 하나님의 말씀을 따라 살아가는 사람이에요. 하나님의 말씀을 지키고 죄를 따라가지 않아요.

하나님의 자녀가 된 우리는 자녀로서 누릴 수 있는 모든 권리를 누려요. 예수님과 함께 하나님의 상속자*가 된답니다. 하나님의 자녀가 되어 권리와 영광을 누리는 상속자는 고난도 같이 받아요. 우리가 예수님을 믿고 따를 때 받는 고난은 하나님께서 우리를 사랑하시기 때문이에요.

하나님께서는 우리가 어떤 어려움도 이겨 내고 훌륭하게 자라기를 바라셔요. 힘들고 어려울 때마다 하나님을 향해 "아빠 아버지"라고 부르면 하나님께서 우리 손을 잡아 주실 거예요.

*상속 : 일정한 친족 관계가 있는 사람 사이에서 다른 한쪽이 호주권이나 재산에 관한 권리, 의무 일체를 이어받음

마음 열기

- 가장 친한 친구는 나를 부를 때 어떻게 부르나요?

성경 속으로

- 우리는 하나님을 뭐라고 부를 수 있나요?

- 하나님의 자녀는 하나님의 무엇을 따라 살아가나요?

- 하나님의 아들이 되어 권리와 영광을 누리는 상속자는 무엇도 같이 받나요?

생각 펼치기

- 하나님이 나를 부르실 때 어떻게 부르실까요?

- "하나님 아버지!"라고 부를 때 어떤 기분이 드나요?

나를 향한 질문

- 예수님은 우리에게 하늘과 땅의 모든 권세를 주셨어요. 나는 이것으로 무엇을 해야 할까요?

빅 한마디

BIG - Bible in God

우리는 예수님으로 말미암아 더 이상 죄인이 아니에요. 죄를 따르지 않고 성령의 인도하심을 받아요. 하나님께서는 우리를 자녀로 인정하셨어요. 모두 예수님 덕분이에요. 예수님처럼 하나님을 "아빠 아버지"라고 불러요.

빅 생각

하나님의 사랑을 받는 것은 특권이다.

죄를 따라 사는 모습을 그려 보세요.

'어려움'을 그려 보세요.

도전!
아무나 풀지 못하는
성경 퀴즈

다음 (   )안에 들어갈 말을 써 보세요.

1. 그러므로 이제 (   )안에 있는 자에게는 결코 정죄함이 없나니(로마서 8:1)

2. 무릇 하나님의 영으로 인도함을 받는 사람은 곧 (   )이라 (로마서 8:14)

6 과

죄에 대하여 죽고 하나님을 위해 산다

로마서 6:11
이와 같이 너희도 너희 자신을 죄에 대하여는 죽은 자요 그리스도 예수 안에서 하나님께 대하여는 살아 있는 자로 여길지어다

우리가 죄인이었을 때 예수님께서 우리를 위해 죽으셨어요. 우리를 사랑하셨기 때문이에요. 예수님이 죽으심으로 우리는 하나님과 정답게 지낼 수 있게 되었어요. 또 예수님을 통해서 구원을 얻는 기쁨을 누리게 되었어요.

아담이 지은 죄 때문에 죽음이 모든 사람을 지배하게 되었고 죄인이 되었어요. 그러나 예수님의 죽으심으로 인해 모든 사람이 죄에서 벗어나 새로운 생명을 얻게 되었어요.

우리는 예수님을 구세주로 고백하며 세례를 받아요. 세례를 받는다는 것은 우리의 죄가 예수님과 함께 죽고 예수님이 주신 새로운 생명으로 살아간다는 것이에요. 예수님을 믿는 우리는 더 이상 죄의 종이 아니에요. 예수님과 함께 하나님을 위해서 살아요.

이제 우리는 죄를 두려워하지 말고 하나님을 위해서 살아요.

마음 열기

- 어떤 친구와 친하게 지내고 싶을 때 어떻게 하면 될까요?

성경 속으로

- 예수님께서 죽으심으로 우리는 하나님과 어떻게 되었나요?
- 세례를 받는다는 것은 무엇인가요?
- 우리 삶의 주인은 누구신가요?

생각 펼치기

- 내가 지금 '노예'라면 어떻게 살고 있을까요?
- 법을 무시하고 살면 어떤 일이 벌어질까요?
- 나쁜 마음이 들 때 어떻게 하면 이길 수 있을까요?

나를 향한 질문

- 나는 하나님의 말씀을 따르는 삶을 살고 있는가?

빅 한마디

BIG - Bible in God

우리는 죄가 시키는 대로 하는 죄의 종이 아니에요. 하나님의 말씀을 따르며 살아가는 하나님의 자녀예요. 우리는 죄를 두려워하지 않아요. 예수님께서 죄를 이길 힘을 주셨기 때문이에요.

빅 생각

하나님의 말씀대로 사는 것이 진정한 자유이다.

죄를 두려워하지 않는 마음에서는 어떤 향기가 날까요?
그려 보세요.

죄의 유혹을 이기고 기뻐하는 모습을 그려 보세요.

도전! 아무나 풀지 못하는 성경 퀴즈

1. 다음 (　　)에 공통으로 들어갈 말은 무엇인가요?
너희 자신을 종으로 내주어 누구에게 (　　)하든지 그 (　　) 함을 받는 자의 종이 되는 줄을 너희가 알지 못하느냐 혹은 죄의 종으로 사망에 이르고 혹은 (　　)의 종으로 의에 이르느니라(로마서 6:16)
① 순장 ② 순종 ③ 순서대로 ④ 순수

2. 죄의 삯은 (　　)이요 하나님의 은사는 그리스도 예수 우리 주 안에 있는 영생이니라(로마서 6:23)
① 일망 ② 이망 ③ 삼망 ④ 사망

7과

예수님과 함께하는 삶

로마서 12:1
그러므로 형제들아 내가 하나님의 모든 자비하심으로 너희를 권하노니 너희 몸을 하나님이 기뻐하시는 거룩한 산 제물로 드리라 이는 너희가 드릴 영적 예배니라

믿음으로 구원을 얻어 의롭게 된 우리는 하나님께서 기뻐하시는 삶을 살아요. 하나님의 뜻에 따라 살며 하나님의 뜻에 순종해요. 우리 삶의 주인이 하나님이심을 인정하며 살아요. 이것이 하나님께서 기뻐하시는 영적 예배예요.

하나님은 우리에게 각자에게 맞는 재능을 주셨어요. 재능은 자신을 위해서 사용하는 것보다 하나님 나라와 이웃을 위해서 사용하라고 주신 거예요. 그러므로 재능은 크고 작은 것이 없고 모두 귀하고 소중한 것이에요.

우리는 악을 미워하고 선을 행하며, 서로 형제처럼 사랑하고 어려움을 만나도 참고 기도해요. 또 가난한 사람들을 돕고 슬퍼하는 사람들을 위로하며, 잘난 체하지 하지 않아요. 우리는 주님을 따르며 살아가는 예수님의 제자들이기 때문이에요.

먹고 입는 것에 과소비하지 말며 음란과 방탕과 싸움과 시기하는 모든 일을 버려요. 국가에 세금을 정확하게 내고 갚지 않은 빚이 있어서는 안 되며, 행동을 바르게 하고 예수님의 말씀대로 살아요.

믿음이 약한 사람을 함부로 비판하지 않고 오직 주님을 위해서 살아요. 그것은 하나님이 우리를 하나님의 형상대로 지으셨고 예수님이 우리를 위해서 죽으셨기 때문이에요.

예수님으로 인해서 새 생명을 얻은 우리가 예수님을 따라 사는 것은 당연한 일이에요.

마음 열기

- 내가 잘하는 것은 무엇인가요? (없다면 잘하고 싶은 것)

성경 속으로

- 하나님께서 기뻐하시는 영적 예배는 어떤 것인가요?
- 하나님께서 우리에게 재능을 주신 이유는 무엇인가요?
- 우리는 오직 누구를 위해서 살고 누구를 위해서 죽나요?

생각 펼치기

- 국가에 내는 세금을 속이면 안 되는 이유는 무엇인가요?
- 음식을 먹다가 남기고 함부로 버리면 어떤 일이 벌어질까요?

나를 향한 질문

- 나는 하나님의 말씀을 즐겨 읽는 것을 좋아하나요?

빅 한마디

BIG - Bible in God

믿음으로 구원을 얻어 의롭게 된 우리는 하나님께서 기뻐하시는 삶을 살아요. 하나님의 뜻에 따라 살아요. 그것은 우리 삶의 주인이 하나님이심을 인정하는 거예요. 하나님께서 기뻐하시는 삶을 사는 것이 영적 예배예요.

빅 생각

성경을 열심히 읽고 기도에 힘쓰는 것을 하나님께서는 기뻐하신다.

마음속에 음란과 방탕과
다른 사람을 시기하는 것이 가득한 사람의 얼굴을 그려 보세요.

다른 사람을 사랑으로 돕고 슬퍼하는 사람을 위로하는 사람의 마음은
어떻게 생겼을까요? 그려 보세요.

도전!
아무나 풀지 못하는
성경 퀴즈

1. 형제를 ( )하여 서로 우애하고 존경하기를 서로 먼저 하며(로마서 12:10)
① 사랑 ② 미워 ③ 싫어 ④ 구박

2. 악에게 지지 말고 ( )으로 악을 이기라(로마서 12:21)
① 돈 ② 칼 ③ 총 ④ 선

8과

바울의 선교 사명

로마서 11:13
내가 이방인인 너희에게 말하노라 내가 이방인의 사도인 만큼 내 직분을 영광스럽게 여기노니

사도 바울은 예수님을 믿는 사람들을 체포하러 다메섹으로 가던 중에 예수님을 만났어요. 이후 바울은 이방인들에게 복음을 전하는 사람이 되었어요. 바울은 이 사명을 아주 귀하게 여겼어요.

"내가 이방인인 너희에게 말하노라 내가 이방인의 사도인 만큼 내 직분을 영광스럽게 여기노니"(로마서 11:13).

바울은 복음을 전하기 위해서 크게 세 번 여행을 했어요. 1차 전도여행은 안디옥교회에서 바나바와 함께 파송을 받아 마가를 데리고 갔다 왔어요(사도행전 13:1-14:28). 2차 전도여행은 실라와 함께 다니며 복음을 전했어요(사도행전 15:40-18:23). 3차 전도여행은 두란노 서원에서 2년간 성경을 가르쳤고 에베소에서 3년을 머물렀어요(사도행전 19:9).

바울은 복음을 전하면서 매도 많이 맞았고 돌에 맞아서 죽을 뻔 한 적도 있었어요. 배를 타고 가다가 풍랑을 만나 배가 부서진 적도 있었고 강도를 만나기도 하고 제대로 먹지도 입지도 못하고 추위와 싸우면서 복음을 전하러 다녔어요(고린도후서 11:23-27).

바울의 복음을 향한 뜨거운 마음은 감옥에 있을 때도 식을 줄 몰랐어요. 로마교회 성도들에게 편지를 쓰면서 스페인으로 복음을 전하러 갈 계획을 밝히며 함께 동참하고 기도해 줄 것을 부탁했어요.

"이제는 이 지방에 일할 곳이 없고 또 여러 해 전부터 언제든지 서바나로 갈 때에 너희에게 가기를 바라고 있었으니"(로마서 15:23).

마음 열기

- 스페인으로 가는 방법은 몇 가지가 있을까요?

성경 속으로

- 바울은 1차 전도여행에서 누구와 함께 갔나요?
- 바울은 복음을 전하면서 어떤 일을 겪었나요?
- 바울이 3차 전도여행에서 성경을 가르친 곳은 어디인가요?

생각 펼치기

- 북한에 전도할 수 있는 길이 열린다면 무엇을 준비하면 좋을까요?
- 외국으로 여행을 간다면 같이 가고 싶은 사람은 누구인가요? 그 이유는 무엇인가요?
- 복음을 위해 목숨을 바친 바울의 묘비에 뭐라고 쓰면 좋을까요?

나를 향한 질문

- 나는 예수님을 모르는 친구에게 예수님을 알려 주려고 노력하나요?

빅 한마디

BIG - Bible in God

바울은 복음을 전하면서 많은 고난을 겪었어요. 그런데도 복음 전하는 것을 멈추지 않았어요. 그것은 자신이 정한 목표가 아니라 예수님께서 하신 명령이기 때문에 기쁨으로 순종할 수 있었어요. 예수님의 말씀을 따르는 것은 우리의 기쁨이에요.

빅 생각

예수님의 말씀에 순종하는 것은 기쁨이다.

내가 세계 전도여행을 간다면 어떻게 갈 것인지 그려 보세요.

도전!
아무나 풀지 못하는
성경 퀴즈

1. 그러므로 내가 말하노니 하나님이 자기 백성을 버리셨느냐 그럴 수 없느니라 나도 이스라엘인이요 아브라함의 (   ) 에서 난 자요 베냐민 지파라(로마서 11:1)

다음 말씀에서 틀린 곳을 찾아보세요.

2. 만일 은혜로 된 것이면 행위로 말미암지 않음이니 그렇지 않으면 사랑이 은혜 되지 못하느니라(로마서 11:6)

9과 고린도에 보내는 편지

고린도전서 16:23-24
주 예수 그리스도의 은혜가 너희와 함께 하고 나의 사랑이 그리스도 예수 안에서 너희 무리와 함께 할지어다

고린도전서는 고린도에 있는 교회에게 보낸 바울의 편지에요. 고린도에는 부자들이 많았고 여러 나라에서 사람들이 모여들었기 때문에 우상들도 매우 많았어요. 무역이 활발해서 도시에는 돈이 넘쳐났고 술주정꾼, 노름꾼, 창녀, 사기꾼, 우상숭배자들이 많았답니다.

바울은 브리스길라와 아굴라 부부와 함께 일하면서 복음을 전했어요. 그리고 여러 사람들이 모여 마침내 교회를 세우게 되었어요.

고린도교회에는 방언하는 은사, 예언하는 은사, 방언을 통역하는 은사 등 하나님께서 주신 다양한 은사를 가진 사람들이 많았어요. 그러나 교회 안에 질서가 없었어요. 영적으로 교만했고, 바울을 사도로 인정하지 않는 사람들도 있었고, 성적으로 문란하고, 여러 분파로 나눠져서 성도들끼리 다툼도 있었어요.

바울은 고린도에서 1년 반을 머물면서 복음을 전하고 교회를 세운 후 떠났어요. 바울이 떠난 뒤 교회에 생긴 문제들을 고린도교회 지도자들이 바울에게 편지에 적어 보냈어요. 이에 대한 답장으로 쓴 것이 고린도전서에요.

고린도전서에는 교회에서의 다툼, 성도들끼리의 소송과 음행, 결혼과 독신, 이혼과 재혼, 우상에게 바쳐진 제물을 먹는 것에 관한 내용이 있어요.

바울은 부모의 마음으로 교회가 문제를 잘 해결하고 더욱 성장할 것을 소망하면서 고린도 교인들에게 편지를 썼어요.

마음 열기

- 내가 지금 말썽을 부린다면 부모님(할아버지, 할머니 등)의 마음이 어떠실까요?

성경 속으로

- 고린도교회 성도들은 어떤 은사를 가지고 있었나요?

- 고린도교회에는 어떤 문제가 있었나요?

- 바울은 고린도에서 얼마 동안 머물렀나요?

생각 펼치기

- 고린도에 장사를 하러 온 사람들은 무엇을 팔러 왔을까요?

- 교회 안에서 목사님(전도사님) 말씀을 듣지 않고 떠들고 장난치면서 예배를 방해하는 친구가 있다면 어떻게 해야 할까요?

- 서로 말이 통하지 않는 나라의 사람들이 모여서 산다면 어떤 점이 가장 힘들까요?

나를 향한 질문

- 나는 교회에 새로 온 친구와 잘 지내려고 하나요?

빅 한마디

BIG - Bible in God

고린도는 타락하고 부패한 도시였답니다. 그럼에도 바울은 그곳에서 복음을 전하고 교회를 세웠어요. 하나님의 말씀이 전파되지 못할 곳은 없어요. 마찬가지로 누구든지 예수님을 모른다면 우리는 그 사람에게 말씀을 전해야 한답니다.

빅 생각

하나님의 말씀이 전파되지 못할 곳은 없다.

타락한 도시에서 나는 냄새를 그려 보세요.

고린도교회 교인들에게 편지를 쓰는
바울의 마음을 그려 보세요.

도전!
아무나 풀지 못하는
성경 퀴즈

다음 말씀 중에서 틀린 곳을 찾아서 바로 써 주세요.

1.내가 너희 가운데 거할 때에 강하고 두려워하고 심히 떨었노라(고린도전서 2:3)

2. 내 힘과 내 전도함이 설득력 있는 지혜의 손으로 하지 아니하고 다만 성령의 나타나심과 능력으로 하여(고린도전서 2:4)

10과 주 안에서 자랑하라

고린도전서 1:31
기록된 바 자랑하는 자는 주 안에서 자랑하라 함과 같게 하려 함이라

고린도 성도들 사이에 다툼이 있었어요. 사람들은 '바울파' '아볼로파' '베드로파' '그리스도파'로 나뉘어 싸웠어요. 서로 자신들이 최고라고 우겼어요. 이에 바울은 이렇게 말했어요.

"예수님이 나누어졌습니까? 바울이 여러분을 위해서 십자가에 못 박혔나요? 세례를 받을 때 바울의 이름으로 받지 않고 예수님의 이름으로 받았습니다. 예수님은 나눌 수 없는 온전하신 분입니다."

예수님보다 사람을 믿고 따르는 것은 올바른 것이 아니에요. 서로 자기의 생각이 옳다고 믿으며 다른 사람을 이기려는 마음이 앞설 때 다툼이 일어나요.

우리의 죄를 대신하여 십자가를 지신 분은 오직 예수님뿐이에요. 사람들은 자신의 돈과 권력과 명예가 최고라고 생각해요. 그러나 하나님의 어리석음은 사람의 지혜보다 지혜롭고 하나님의 연약함은 사람의 강한 것보다 강하답니다.

하나님 앞에서는 누구도 자랑할 게 없어요. 우리가 자랑할 것은 오직 예수님뿐이에요.

마음 열기

● 지금 다니고 있는 교회를 자랑해 보세요.

성경 속으로

● 고린도교회에는 어떤 '~파'들이 있었나요?

● 어떤 마음이 앞설 때 다툼이 일어나나요?

● 하나님의 어리석음은 사람의 지혜보다 어떤가요?

생각 펼치기

● 머리와 손과 발이 서로 떨어져 있다면 어떤 일이 생길까요?

● 돈이 최고라고 믿는 사람은 돈에 대해서 어떻게 생각할까요?

● 자기 자랑만 늘어놓는 친구를 볼 때 어떤 생각이 드나요?

나를 향한 질문

● 나는 자기 자랑이 많은 사람인가요?

빅 한마디

BIG - Bible in God

하나님의 어리석음은 사람의 지혜보다 지혜롭고 하나님의 연약함은 사람의 강한 것보다 강하답니다. 하나님 앞에서는 누구도 자랑할 게 없어요. 우리가 자랑할 것은 오직 예수님이며 예수님의 말씀 안에서 살아가는 것이에요.

빅 생각

오직 예수님만이 우리의 자랑이다.

돈이 최고라고 자랑하는 사람의 모습을 그려보세요.

이름을 널리 알리는 것이 최고라고 말하는 사람의 모습을 그려 보세요.

예수님이 최고라고 말하는 사람의 모습을 그려 보세요.

이 정도 알면 나는 성경 선생님

●고린도에는 어떤 사람들이 살았을까?

고린도는 무역이 활발한 도시였다. 세계 여러 나라의 도시에서 다양한 사람들이 모여들었다. 날씨가 따뜻해서 저녁 늦게까지 술을 마시고 즐기며 놀았다고 한다. 자유민도 많았지만 노예 같은 신분이 낮은 사람들도 많았다. 막노동을 하는 사람들, 술주정뱅이, 신분이 비천한 사람들도 많았다고 한다.

11과

우리는 하나님의 성전

고린도전서 3:16
너희는 너희가 하나님의 성전인 것과 하나님의 성령이 너희 안에 계시는 것을 알지 못하느냐

서로 나뉘어 싸우고 있는 사람들을 향해서 바울은 이렇게 말했어요.

"나는 심었고 아볼로는 물을 주었습니다. 그러나 자라게 하신 분은 오직 하나님이십니다"(3:6).

우리는 말씀의 씨앗이 뿌려져서 아름다운 열매를 맺는 하나님의 밭이에요. 하나님께서 좋은 열매를 맺게 해 주실 거예요. 또 우리는 하나님의 성전이에요.

"너희가 하나님의 성전인 것과 하나님의 성령이 너희 안에 계시는 것을 알지 못하느냐?"(3:16).

성령님께서 우리 안에 계셔요. 하나님께서 계시는 곳은 거룩하고 깨끗한 곳이에요. 그래서 우리 마음을 깨끗하게 해야 해요. 우리 마음이 다른 사람을 미워하고 시기하고 거짓으로 가득하다면 성령님께서 계실 수 없어요.

성령님은 우리가 하나님의 말씀에 순종하고 하나님의 영광을 위해 살도록 도와주셔요.

"누구든지 하나님의 성전을 더럽히면 하나님이 그 사람을 멸망시키실 것입니다. 이것은 하나님의 성전이 거룩하며 여러분 자신도 바로 그런 성전이기 때문입니다"(3:17).

교인들끼리 다투는 것은 하나님의 성전을 더럽히는 죄를 짓는 것이에요.

우리 마음에 성령님이 항상 계셔요. 성전이 더럽혀지지 않도록 늘 말씀을 읽고 기도하고 하나님을 찬양해요.

마음 열기

● 마음을 깨끗하게 하는 방법은 어떤 것이 있을까요?

성경 속으로

● 우리는 말씀의 씨앗이 뿌려져서 아름다운 열매를 맺는 하나님의 무엇인가요?

● 우리 마음이 어떨 때 하나님께서 계실 수 없을까요?

● 교인들끼리 서로 다투는 것은 어떤 죄를 짓는 것인가요?

생각 펼치기

● 밭에 씨를 뿌렸는데 싹이 나지 않는다면 어떻게 해야 할까요?

● 나무에 열매가 많이 맺히게 하려면 어떻게 해야 할까요?

● 다른 사람을 미워하고 시기하는 마음이 생길 때 어떻게 하면 좋을까요?

나를 향한 질문

● 나는 스스로 내 안에 있는 더러운 것들을 버리려고 노력하나요?

빅 한마디

BIG - Bible in God

우리는 언제나 성령님이 함께 계신다는 것을 잊지 말아야 해요. 성전이 더렵혀지지 않도록 늘 말씀을 읽고 기도하고 하나님을 찬양해요.

빅 생각

미움과 시기와 욕심과 질투는 하나님의 성전을 더럽게 하는 것들이다.

'우리는 하나님의 성전' 이야기를 만화로 그려 보세요.

도전!
아무나 풀지 못하는
성경 퀴즈

1. 우리는 하나님의 동역자들이요 너희는 하나님의 (　　　　)이요 하나님의 집이니라(고린도전서 3:9)

① 친구　② 자랑　③ 등대　④ 밭

2. 아무도 자신을 속이지 말라 너희 중에 누구든지 이 세상에서 (　　　) 있는 줄로 생각하거든 어리석은 자가 되라 그리하여야 (　　　)로운 자가 되리라(고린도전서 3:18)

① 지식　② 지혜　③ 자유　④ 지해

12과

주 안에서 자유로움

고린도전서 6:12
모든 것이 내게 가하나 다 유익한 것이 아니요 모든 것이 내게 가하나 내가 무엇에든지 얽매이지 아니 하리라

예수님은 우리에게 자유를 주셨어요. 그러나 이 자유는 내가 하고 싶은 대로 마음대로 하는 것이 아니에요. 예수님을 따라 살며 모든 일에 하나님께 영광을 돌리는 것이 진정한 자유예요.

예수 그리스도를 구주로 받아들인 사람은 생활도 변해요. 예전의 좋지 않던 모습을 버리고 예수님을 따라가요. 그러나 고린도 교인들은 예전의 나쁜 버릇을 완전히 버리지 못했어요. 교회 안에서 자기 마음대로 행동하는 것을 자유라고 생각했어요.

음행을 저지른 사람들은 오히려 큰소리를 치고 다른 사람들도 그들의 잘못을 지적하지 않았어요. 바울은 이런 행동에 대해서 교회의 거룩함을 깨뜨리는 것이므로 엄하게 책망했어요.

"너희가 자랑하는 것이 옳지 아니하도다 적은 누룩이 온 덩어리에 퍼지는 것을 알지 못하느냐?"(5:6).

작은 죄일지라도 그냥 두면 다른 사람까지 죄를 짓게 할 수 있으므로 빨리 버려야 해요. 사람들은 우상숭배는 물론 술에 취하고 다른 사람을 욕했어요. 심지어는 사람들을 속여서 물건을 빼앗으면서 이런 것조차 자유라고 생각했어요.

이런 사람들은 하나님 나라에 들어갈 수 없어요. 내가 하는 행동이 다른 사람에게 해를 끼친다면 그것은 하나님께서 기뻐하시는 일이 아니기 때문이에요.

마음 열기

- 내가 하고 싶은 대로 할 수 있다면 무엇을 하고 싶나요?

성경 속으로

- 진정한 자유란 무엇인가요?
- 바울은 교회의 거룩함을 깨뜨리는 사람들을 향해서 어떤 말을 했나요?
- 하나님 나라에 들어갈 수 없는 사람들은 어떤 사람들인가요?

생각 펼치기

- 자신이 잘못했음에도 오히려 큰소리를 치는 친구를 볼 때 어떤 마음이 드나요?
- 고치고 싶은 나의 나쁜 버릇은 어떤 것이 있나요?
- 공부 시간에 내 마음대로 교실을 돌아다니면 선생님 마음은 어떠실까요?

나를 향한 질문

- 교회를 가는 것이 즐겁고 기쁜가요? 아니면 억지로 누구를 따라 가나요?

빅 한마디

BIG - Bible in God

예수님은 우리에게 자유를 주셨어요. 그러나 이 자유는 내가 하고 싶은 대로 마음대로 하는 것이 아니에요. 예수님을 따라 살며 모든 일에 하나님께 영광을 돌리는 것이 진정한 자유예요.

빅 생각

말씀대로 사는 것이 자유로운 삶이다.

'자유'를 그려 보세요.

나 때문에 기뻐하시는 하나님의 모습을 그려 보세요.

도전! 아무나 풀지 못하는 성경 퀴즈

(　　　) 에 들어갈 말을 써 보세요.

1. 도적이나 탐욕을 부리는 자나 술 취하는 자나 모욕하는 자나 속여 빼앗는 자들은 (　　　　　)를 유업으로 받지 못하리라 (고린도전서 6:10)

2. 값으로 산 것이 되었으니 그런즉 너희 (　　　　　)으로 하나님께 영광을 돌리라(고린도전서 6:20)

① 성적　② 돈　③ 몸　④ 노래

13과

결혼은 하나님이 주신 선물

고린도전서 7:3
남편은 그 아내에 대한 의무를 다하고 아내도 그 남편에게 그렇게 할지라

결혼은 남녀가 서로 사랑하여 예수 그리스도 안에서 평생 함께 살 것을 약속하는 거예요. 그래서 결혼은 하나님께서 주신 선물이에요.

여자와 남자가 서로 사랑해서 결혼하는 거예요. 결혼한 남자는 한 여자의 남편으로, 결혼한 여자는 한 남자의 아내로 그리스도 안에서 서로 사랑하며 살아요.

성경에는 여자와 남자의 결혼에 대해서 이렇게 말씀하고 있어요.

"이러므로 남자가 부모를 떠나 그의 아내와 합하여 둘이 한 몸을 이룰지로다"(창 2:24).

결혼 생활에서 남편과 아내는 서로 존중하며 살아요. 아내나 남편 중 한 사람이 더 높거나 낮지 않아요. 서로를 위해서 희생하고 화목한 가정을 만들려고 노력해야 해요. 살다가 서로에 대한 사랑이 식고 어려움이 생긴다고 하여 함부로 헤어지는 것을 하나님께서 기뻐하지 않으셔요. 예수님은 이렇게 말씀하셨어요.

"그런즉 이제 둘이 아니요 한 몸이니 그러므로 하나님이 짝지어 주신 것을 사람이 나누지 못할지니라"(마 19:6).

우리와 예수님의 사이도 신랑과 신부 관계와 같아요. 우리는 사랑하는 사람과의 결혼 생활을 통해서 하나님의 참사랑을 깨달아간답니다.

마음 열기

- 결혼식에서 가장 멋진 장면은 무엇인가요?

성경 속으로

- 결혼은 누구와 누가 하는 것인가요?

- 결혼 생활에서 남편과 아내는 서로 어떻게 하며 살아야 하나요?

- 성경에는 여자와 남자의 결혼에 대해서 어떻게 말씀하고 있나요?

생각 펼치기

- 사랑하는 사람이 생기면 무슨 말을 하고 싶나요?

- 행복한 가정을 만들려면 어떻게 해야 할까요?

- 다른 사람에게 선물을 받을 때 기분이 어떤가요? 또 다른 사람에게 선물을 줄 때 기분은 어떤가요?

나를 향한 질문

- 집에서 나는 평화를 만드는 사람인가요, 다툼을 일으키는 사람인가요?

빅 한마디

BIG - Bible in God

결혼은 남녀가 서로 사랑하여 예수 그리스도 안에서 평생 함께 살 것을 약속하는 거예요. 그래서 결혼은 하나님께서 주신 선물이에요. 결혼한 남자는 한 여자의 남편으로, 결혼한 아내는 한 남자의 아내로 그리스도 안에서 서로 사랑하며 살아야 해요.

빅 생각

아름다운 사랑은 사람을 사람답게 한다.

남자와 여자가 서로 사랑하는 모습을 그려 보세요.

도전!
아무나 풀지 못하는
성경 퀴즈

다음 (   ) 안에 공통으로 들어가는 말은 무엇인가요?

1.믿지 아니하는 남편이 아내로 말미암아 (   )하게 되고 믿지 아니하는 아내가 남편으로 말미암아 (   )하게 되나니 그렇지 아니하면 너희 자녀도 깨끗하지 못하니라 그러나 이제 (   )하니라(고린도전서 7:14)

2. 아내는 자기 (   )을 주장하지 못하고 오직 그 남편이 하며 남편도 그와 같이 자기 (   )을 주장하지 못하고 오직 그 아내가 하나니(고린도전서 7:4)

14과

믿음, 소망, 사랑

고린도전서 13:13
그런즉 믿음, 소망, 사랑, 이 세 가지는 항상 있을 것인데 그중의 제일은 사랑이라

사람이 천사의 말을 할지라도 사랑이 없으면
울리는 징과 요란한 꽹과리와 다르지 않습니다.
하나님 말씀의 비밀을 깨닫고
산을 옮길 만한 믿음이 있어도
사랑이 없으면 아무것도 아닙니다.
자신의 재산을 남에게 나눠주고 다른 사람을 위해서 불속으로 뛰어들어도
사랑이 없으면 소용이 없습니다.
사랑은 오래 참으며 친절하고 자신이 뛰어나다고 자랑도 하지 않고
다른 사람을 무시하지도 않습니다.
사랑은 무례하게 행동하지 않으며 자기의 이익만 구하지 않고
쉽게 화를 내지 않으며 다른 사람 탓을 하지 않습니다.
사랑은 옳지 않은 것에 기뻐하지 않고 진리와 함께 기뻐합니다.
사랑은 모든 것을 참으며 모든 것을 믿으며
모든 것을 바라며 모든 것을 견딥니다.
사랑은 영원히 없어지지 않습니다.
그러므로 믿음, 소망, 사랑은
언제까지 남아 있을 것인데
그중에 제일은 사랑입니다.

(공동번역 참고)

마음 열기

● 내가 하늘을 날 수 있다면 어디를 가고 싶나요?

성경 속으로

● 천사의 말을 할지라도 사랑이 없으면 무엇과 다르지 않나요?

● 사랑은 자랑도 하지 않고 다른 사람을 어떻게 하지 않나요?

● 영원히 없어지지 않는 것은 무엇인가요?

생각 펼치기

● 작은 일에도 화를 많이 내면 우리 몸에 어떤 변화가 일어날까요?

● 마음에 사랑이 가득한 사람의 얼굴 표정은 어떤가요?

● 다른 사람에게 받기만 원하고 자기 것은 나눠주기 싫어하는 친구가 있다면 어떤 생각이 드나요?

나를 향한 질문

● 나 자신을 사랑하는 것보다 더 하나님을 사랑하나요?

빅 한마디

BIG - Bible in God

세상에 사랑만큼 보배로운 것은 없어요. 그렇다면 우리는 무엇을 사랑할까요? 누구를 사랑할까요? 하나님을 사랑하는 것이 우선이에요. 돈보다 성공보다 그 무엇보다 하나님을 사랑하는 것이 가장 먼저에요.

빅 생각

사랑은 친구를 이기려는 것이 아니라 친구에게 져주는 것이다.

꽹과리 소리를 그려 보세요.

믿음, 소망, 사랑을 그려 보세요.

도전! 아무나 풀지 못하는 성경 퀴즈

1. 내가 어렸을 때에는 말하는 것이 (   )와 같고 깨닫는 것이 (   )와 같고 생각하는 것이 (   )와 같다가 장성한 사람이 되어서는 (   )의 일을 버렸노라(고린도전서 13:11)

① 어린아이 ② 강아지 ③ 어른 아이 ④ 옛날 일

다음 (   ) 안에 들어갈 말을 써 보세요.

2. (   )은 오래 참고 (   )은 온유하며 시기하지 아니하며 (   )은 자랑하지 아니하며 교만하지 아니하며(고린도전서 13:4)

15과 부활

고린도전서 15:20
그러나 이제 그리스도께서 죽은 자 가운데서 다시 살아나사 잠자는 자들의 첫 열매가 되셨도다

"죽은 사람이 어떻게 다시 살아납니까?"

고린도교회에는 예수님의 부활과 성도가 죽음에서 다시 부활하는 것을 믿지 않는 사람들이 많았어요. 그들은 육체의 부활을 믿지 않았어요. 사람이 죽으면 '몸'은 사라지고 '영'만 살아 있다고 믿었어요.

예수님을 믿는 사람이 예수님의 부활을 믿지 못한다면 하나님의 말씀을 모두 믿지 않는 것과 같은 거예요. 성경의 모든 말씀이 거짓말이 되는 거예요. 그래서 바울은 예수님의 부활과 죽은 사람의 부활에 대하여 이렇게 말했어요.

"예수님은 성경 말씀대로 우리를 위하여 돌아가셨고 사흘 만에 다시 살아나셨습니다. 또 예수님이 부활하신 것을 직접 본 사람들이 많았습니다."

예수님은 부활하시고 40일 동안 세상에 계시며 많은 사람들에게 보이셨어요. 그리고 많은 사람들이 지켜보는 가운데 하늘로 올라가셨어요. 또 바울 자신도 부활하신 예수님을 만났어요.

"나는 하나님의 교회를 박해했던 사람이니 사도가 될 자격이 없습니다. 그러니 내가 나 된 것은 모두 하나님의 은혜입니다."

만일 예수님이 죽음에서 부활하지 않으셨다면 우리의 부활도 없을 거예요. 우리는 살아 계신 하나님을 믿어요. 우리가 전하는 복음은 거짓이 아니에요. 성도는 예수 그리스도 안에서 하나님의 말씀대로 부활하며 결국 죽음을 이기게 된답니다(고린도전서 15:55).

마음 열기

- 죽어서 장사 지낸 사람이 3일 뒤에 내 앞에 나타난다면 그 사람에게 무슨 말을 물어보고 싶나요?

성경 속으로

- 고린도교회 교인들은 사람이 죽으면 무엇은 사라지고 무엇만 남는다고 믿었나요?

- 예수님의 부활을 믿지 못한다면 무엇을 믿지 못하는 것과 같나요?

- 예수님은 부활하시고 며칠 동안 세상에 계셨나요?

생각 펼치기

- 친구가 내가 직접 본 것도 믿지 못한다고 할 때 어떻게 해야 할까요?

- 게임 속에서 죽었던 사람도 다시 살아나는 것을 보면 어떤 생각이 드나요?

- 예수님이 다시 살아나신 것을 본 사람들은 어떤 생각을 했을까요?

나를 향한 질문

- 예수님의 부활과 성도의 부활을 믿나요?

빅 한마디

BIG - Bible in God

만일에 예수님이 죽음에서 부활하지 않으셨다면 우리의 부활도 없을 거예요. 우리는 살아 계신 하나님을 믿어요. 우리가 전하는 복음은 거짓이 아니에요. 성도는 예수 그리스도 안에서 하나님의 말씀대로 부활하며 결국 죽음을 이기게 된답니다.

빅 생각

예수께서 이르시되 나는 부활이요 생명이니 나를 믿는 자는 죽어도 살겠고 (요한복음 11:25)

다음 말을 그림으로 그려 보세요.

"예수님은 성경 말씀대로 우리를 위하여 돌아가셨고 사흘 만에 다시 살아나셨습니다. 또 예수님이 부활하신 것을 직접 본 사람들이 많았습니다."

도전! 아무나 풀지 못하는 성경 퀴즈

1. 고린도전서 15장 14절 말씀을 찾아서 써 보세요.

2. 장사 지낸 바 되셨다가 (　　)대로 사흘 만에 다시 살아나사 (고린도전서 15:4)

① 소문　② 성경　③ 소원　④ 마음

• 유대교의 사두개인들은 영혼은 죽지 않으나 육체는 부활하지 않는다고 믿었다. 헬라인들도 육체의 부활을 믿지 않았다. 고린도 사람들은 헬라문화와 유대교의 영향을 받아서 육신의 부활을 믿지 않는 사람들이 많았다.

16과

고린도후서 이야기

고린도후서 1:2
하나님 우리 아버지와 주 예수 그리스도로부터 은혜와 평강이 있기를 원하노라

고린도후서는 바울이 고린도에 있는 교회와 아가야에 있는 성도들에게 쓴 편지에요. 바울은 고린도교회의 여러 가지 문제(파당, 우상숭배, 영적 교만함, 성적 문란함 등)에 대해서 디모데를 통해 편지를 보냈어요.

그러나 고린도 교인들은 바울의 편지를 읽고도 잘못된 행동을 고치지 않았어요. 오히려 교회에 거짓 교사가 나타나서 바울은 진정한 사도가 아니라며 교회를 혼란스럽게 했어요. 이 소식을 디모데를 통해서 들은 바울은 다시 고린도교회를 방문하였는데 오히려 거짓 교사들이 교인들을 부추기어 바울에게 상처를 주었어요. 그러나 고린도 교인들을 향한 바울의 사랑은 멈추지 않았어요.

바울은 눈물로 다시 편지를 썼어요.

"내가 마음에 큰 눌림과 걱정이 있어 많은 눈물로 너희에게 썼노니 이는 너희로 근심하게 하려 한 것이 아니요 오직 내가 너희를 향하여 넘치는 사랑이 있음을 너희로 알게 하려 함이라"(2:4).

그 뒤 마게도냐에 있던 바울은 디도를 만났는데 고린도 교인들이 바울의 편지를 받고 회개하고 바울을 비난한 사람들을 처벌했다는 소식을 전했어요.

고린도후서에는 바울 자신은 예수님께서 직접 선택하신 사도이며, 고린도 교인들과 사랑의 관계로 돌아가기를 바란다는 이야기와 굶주림과 가난에 시달리고 있는 예루살렘 성도들을 돕는데 힘을 모아달라는 말씀도 있어요.

꼭꼭 TV 현장을 찾아서

● **아나운서** : 전국에 계시는 꼭꼭 TV 시청자 여러분 안녕하십니까? 사건의 모습을 생생하게 전해드리는 '현장을 찾아서'를 진행하는 아나운서 (　　　　)입니다. 오늘은 고린도교회를 연결해서 그곳 상황을 알아보도록 하겠습니다. 그럼 현장에 나가 있는 (　　　　)리포터 나와 주세요.

● **아나운서** : (　　　　)리포터 지금 어디에 나가 계시나요?

● (　　　　)**리포터** : 네, 저는 지금 아주 시끄러운 고린도교회에 나와 있습니다. 그럼 먼저 지금 왜 이렇게 시끄러운지 성도 한 분을 만나서 물어보도록 하겠습니다. 교회가 왜 이렇게 시끄러운가요?

● **성도1** : ______________________________

● (　　　　)**리포터** : 아, 네. 교회에 파당과 우상숭배와 영적 교만함과 성적 문란으로 문제가 생겼다는 말씀이군요. 그런데 바울 사도에게 편지를 받았다는 소식을 들었습니다. 편지를 받고 교회가 어떻게 했나요?

● **성도2** : 안타깝게도 성도들이 바울 사도의 편지를 받고도 ______________________.

● (　　　　)**리포터** : 그런데 교회에 들어온 거짓 교사들은 무슨 말을 했나요?

● **성도2** : ______________________________

● (　　　　)**리포터** : 매우 골치 아픈 사람들이군요. 그 뒤 바울 사도가 다시 고린도교회를 방문한 것으로 알고 있는데요. 그때는 어떻게 되었나요?

● **성도2** : ______________________________

● (　　　　)**리포터** : 아, 마침 디도 선생님이 계신데 몇 마디 여쭤보겠습니다. 당신은 어디에서 바울 사도를 만나서 어떤 소식을 전해 주었나요?

● **디도** : ______________________________

● (　　　　)**리포터** : 아, 그렇습니까? 상황이 바뀌었네요. 교인들이 거짓 교사들을 처벌했군요. 어떤 벌을 주었나요? 그리고 잘 해결되었나요?

● **성도3** : ______________________________

● **아나운서** : 오늘은 여러 가지 문제로 인해서 시끄러운 고린도교회를 연결해 봤는데 다행히 모든 일이 잘 해결되어 조용해졌다는 소식을 전해드렸습니다. 감사합니다.

고린도교회가 시끄러운 모습을 그려 보세요.

고린도교회 교인들에게 편지를 쓰는 바울의 마음을 그려 보세요.

이 정도 알면 나는 성경 선생님

● 고린도교회 교인들은 교회를 어지럽히던 사람들에게 어떤 처벌을 했을까?

파문이었을 것이다. 파문이란 교회에서 쫓아내거나, 혹은 일정한 기간 동안 사람들과 이야기를 못하게 하거나 성례에 참여하지 못하도록 하는 것이다.

● 고린도

로마 식민지였던 아가야의 수도. 바울이 2차 전도여행 때 1년 6개월 동안 머물렀던 곳이다. 천막을 만드는 브리스길라와 아굴라와 함께 살며 복음을 전했던 곳이다.

17과

우리는 그리스도의 향기

고린도후서 2:15
우리는 구원받는 자들에게나 망하는 자들에게나 하나님 앞에서 그리스도의 향기니

"바울이란 사람이 누구요? 그는 예루살렘으로부터 추천장을 받았나요?"

예루살렘에서 온 유대인 선생들이 바울은 추천서가 없으므로 거짓 사도라고 했어요. 그들은 바울이 전했던 복음과 다른 복음을 전하면서 돈을 받기도 했어요. 이에 바울은 이렇게 말했어요.

"여러분은 우리가 전한 복음의 결과로 나타난 그리스도의 편지입니다. 이 편지는 살아 계신 하나님이 성령으로 사람의 마음속에 새기신 것입니다. 그런데 여러분에게서 내가 추천장을 받을 필요가 있습니까?"

바울에게는 고린도교회 교인들이 바울의 추천서였어요. 바울이 전한 복음을 듣고 예수님을 영접한 뒤 새 삶을 사는 성도들이야말로 하나님께서 바울에게 써 주신 추천서에요.

이후 고린도교회는 바울을 비난하고 옳지 못한 일을 한 사람들에게 벌을 내렸어요. 바울은 교회가 바른 일을 행하는 것을 보고 기뻐했어요. 그러나 자신의 죄를 회개한 사람들은 교회에서 완전히 내쫓지 말고 용서하여 새롭게 신앙생활을 할 수 있도록 도와주라고 했어요.

하나님께서 복음을 주신 것은 우리가 세상 사람들에게 '그리스도의 향기'로 살아가라는 뜻이에요.

마음 열기

● 내가 좋아하는 꽃은 무엇인가요? 어떤 향기가 나나요?

성경 속으로

● 바울에게 추천서는 무엇이었나요?

● 예루살렘에서 온 유대인 선생들이 바울은 무엇이 없으므로 거짓 사도라고 했나요?

● 하나님께서 우리에게 복음을 주신 이유는 무엇인가요?

생각 펼치기

● 우리 교회에서는 어떤 향기가 나나요?

● 내가 가족이랑 같이 있는데 어떤 사람이 나에게 한 가족인 것을 증명하라고 한다면 어떻게 할까요?

● 바울은 추천장이 없으니 거짓 사도라고 말하는 사람들에게 어떤 말을 하면 좋을까요?

나를 향한 질문

● 나는 수단과 방법을 가리지 않고 성공하는 것을 꿈꾸나요?

빅 한마디

BIG - Bible in God

하나님께서 우리에게 복음을 주신 것은 우리가 세상 사람들에게 '그리스도의 향기'로 살아가라는 뜻이에요. 정직하고 올바른 마음으로 하나님의 말씀을 따라 살 때 우리에게 '그리스도의 향기'가 날 거에요.

빅 생각

예수님을 사랑하면 우리 행동에서 그리스도의 향기가 난다.

'우리는 그리스도의 향기' 이야기를 그림으로 그려 보세요.

도전! 아무나 풀지 못하는 성경 퀴즈

1. 항상 우리를 그리스도 안에서 이기게 하시고 우리로 말미암아 각처에서 그리스도를 아는 (　　　　)를 나타내시는 하나님께 감사하노라(고린도후서 2:14)

① 편지　② 냄새　③ 소식　④ 소리

다음 (　　)에 들어갈 말을 보기에서 찾아서 써 보세요.

2. 이 사람에게는 (　　　　)으로부터 (　　　　)에 이르는 냄새요 저 사람에게는 (　　　　)으로부터 (　　　　)에 이르는 냄새라 누가 이 일을 감당하리요(고린도후서 2:16)

보기) 사랑, 생명, 오매불망, 사망, 식당, 교회

18과

바울이 겪은 고난

고린도후서 4:17
우리가 잠시 받는 환난의 경한 것이 지극히 크고 영원한 영광의 중한 것을 우리에게 이루게 함이니

바울은 다메섹에서 예수님을 만나 눈이 멀어서 사흘 동안 먹지도 마시지도 못했어요. 바울의 눈은 아나니아의 기도를 받고 떠졌어요. 예수님은 바울에 대해서 이렇게 말씀하셨어요.

"그는 내 이름을 이방인과 많은 사람들에게 널리 전하도록 내가 선택한 사람이다"(사도행전 9:15-16).

그 뒤 바울은 복음을 전할 때마다 겪은 고난에 대해서 이렇게 말했어요.

"우리는 복음을 전하다가 돌아 맞아 죽을 뻔도 하고, 빌립보에서는 실라와 함께 발에 쇠고랑을 차고 옥에도 갇혔어요. 유대인에게 서른아홉 대 맞는 매를 다섯 번 맞았고, 태장*도 세 번 맞고, 배가 부서져서 바다를 떠다닌 적도 있었어요. 강을 건너다가 떠내려갈 뻔 한 적도 있고 때로는 강도를 만나기도 했어요. 광야를 지날 때는 추위와 더위와 목마름과 배고픔 때문에 고생을 했어요. 여러 날 잠도 못자고 춥고 배고팠지만 옷과 음식을 살 돈이 없었어요. 또 비난과 모욕을 당하고 거짓말쟁이 취급을 당하기도 했어요."

그러나 바울은 오히려 지금 겪는 고난은 앞으로 하나님께 받을 영광에 비하면 가볍다고 생각하고 하늘에서 받을 상급에 대한 소망을 가지고 살았어요.

***태장** : 채찍 끝에 쇠를 매달아서 때리는 형벌. 맞는 중에 사람이 죽기도 했다.

마음 열기

- 지금까지 살면서 가장 힘든 일은 무엇이었나요?

성경 속으로

- 바울이 겪은 고난에는 어떤 것들이 있나요?

- 바울은 자신의 어떤 점을 자랑했나요?

생각 펼치기

- 내가 사흘 동안 아무것도 먹지 못하게 된다면 어떻게 될까요?

- 바울이 복음을 전하면서 겪은 고난을 보면 어떤 생각이 드나요?

- 바울이 겪은 고난에 대해서 예수님은 뭐라고 하실까요?

나를 향한 질문

- 나는 힘들고 어려운 것을 포기하지 않고 이기려는 마음이 있나요?

빅 한마디

BIG - Bible in God

바울은 복음을 전하면서 많은 고난을 겪었어요. 그러나 오히려 지금 겪는 고난은 앞으로 하나님께 받을 영광에 비하면 가벼운 것이라고 했어요. 그러면서 하늘에서 받을 상급에 소망을 가지고 산다고 말했어요. 우리도 신앙생활을 할 때 어려움이 있더라도 포기하지 말고 끝까지 견뎌서 바울처럼 이기기를 바랍니다.

빅 생각

하나님께서 우리에게 어려움을 이기는 힘을 주신다.

바울이 겪은 고난에 대해서 그려 보세요.

돌에 맞아 죽을 뻔하다

감옥에 갇힘

강도를 만남

춥고 배고프고 돈도 없음

도전! 아무나 풀지 못하는 성경 퀴즈

1. 다음 말씀 중에서 '우겨쌈'이란 무슨 뜻일까요?
우리가 사방으로 우겨쌈을 당하여도 싸이지 아니하며 답답한 일을 당하여도 낙심하지 아니하며(고린도후서 4:8)
① 상추쌈 ② 사방에서 강하게 내려누림을 받다(욱여싸다)
③ 패싸움

2. 그러므로 우리가 낙심하지 아니하노니 우리의 ( )은 낡아지나 우리의 속사람은 날로 새로워지도다(고린도후서 4:16)
① 겉사람 ② 한사람 ③ 난사람 ④ 든사람

19과

감사로 드리는 헌금

고린도후서 8:12
할 마음만 있으면 있는 대로 받으실 터이요 없는 것은 받지 아니하시리라

이스라엘에 흉년이 들어 먹을 양식이 없게 되었어요. 이 소식을 들은 안디옥 교회와 마게도냐 교회들*의 성도들은 헌금을 하여 이스라엘 교회 성도들을 도왔어요.

바울은 이 일을 매우 기뻐하며 고린도교회도 같이 참여할 것을 당부했어요. 그리고 헌금은 어떤 마음으로 드리는 것인지에 대해서 말했어요.

"그들은 온갖 시련과 가난에 쪼들리면서도 오히려 넘치는 기쁨으로 헌금을 많이 하였습니다"(현대인의성경 고후 8:2).

헌금은 어렵고 가난할지라도 기쁨으로 드리는 거예요.

"힘대로 할 뿐 아니라 힘에 지나도록 자원하여"(8:3).

헌금은 억지로 드리는 것이 아니라 스스로 원해서 미리 준비하여 드리는 거예요.

"각각 그 마음에 정한 대로 할 것이요 인색함으로나 억지로 하지 말지니 하나님은 즐겨 내는 자를 사랑하시느니라"(9:7).

헌금을 드릴 때 다른 사람과 비교하거나 자신을 자랑하기 위하여 드리지 않아요. 금액이 많고 적음에 상관없이 감사하는 마음으로 즐겁게 드리는 사람을 하나님은 축복하셔요.

"할 마음만 있으면 있는 대로 받으실 터이요 없는 것은 받지 아니하시리라"(8:12).

가난한 사람들을 돕기 위하여 드릴 때도 받으시는 분이 하나님이심을 기억하고 겸손한 마음으로 드려요.

***마게도냐 교회들** : 빌립보, 데살로니가, 베뢰아교회를 말한다.

마음 열기

- 오늘 감사한 일들에는 어떤 것들이 있었나요?

성경 속으로

- 예루살렘 교회를 돕기 위해서 참여한 교회는 어디인가요?
- 헌금은 억지로 드리는 것이 아니라 어떻게 드리는 것인가요?
- 가난한 사람들을 돕기 위하여 드릴 때 어떤 마음으로 드려야 하나요?

생각 펼치기

- 우리 집에 먹을 음식이 하나도 없고 돈도 없다면 어떻게 해야 할까요?
- 먹을 음식이 없는 친구가 있다면 어떻게 해야 할까요?
- 예루살렘 교회를 도운 마게도냐 교회 성도들을 만난다면 어떤 말을 하고 싶나요?

나를 향한 질문

- 나는 헌금을 미리 준비하여 감사하고 즐거운 마음으로 드리나요?

빅 한마디

BIG - Bible in God

헌금은 다른 사람과 비교하거나 자랑하기 위하여 드리지 않아요. 금액이 많고 적음에 상관없이 감사하는 마음으로 즐겁게 드리는 사람을 하나님은 축복하셔요. 다른 사람을 도울 때도 겸손한 마음으로 하나님께 드리듯이 해야 해요.

빅 생각

죽어서 자기의 재산을 가지고 갈 수 있는 사람은 아무도 없다.

다음 단어를 그려 보세요.

감사

자랑

즐거운 마음

겸손

도전!
아무나 풀지 못하는
성경 퀴즈

1. 각각 그 마음에 정한 대로 할 것이요 인색함으로나 (   ) 로 하지 말지니 하나님은 즐겨 내는 자를 사랑하시느니라(고린도후서 9:7)

① 마음대로 ② 강제 ③ 읍지 ④ 억지

2. 심는 자에게 씨와 먹을 양식을 주시는 이가 너희 심을 것을 주사 풍성하게 하시고 너희 의의 (   )를 더하게 하시리니(고린도후서 9:10)

① 뿌리 ② 씨 ③ 열매 ④ 낙엽

20과

약한 것을 자랑하라

고린도후서 11:30
내가 부득불 자랑할진대 내가 약한 것을 자랑하리라

거짓 교사들은 하나님께 계시*를 받고 신비한 경험을 했다고 자랑했어요. 이에 바울은 "내가 자랑을 해야 한다면 나의 약한 것을 자랑하겠다"라며 복음을 전하기 위하여 겪은 고난과 수고를 자랑했어요.

바울은 실제로 신비한 경험을 여러 번 했어요. 셋째 하늘인 낙원으로 이끌려 올라가서 말로는 표현할 수 없는 것들을 보고 들었어요(고린도후서 12:2-4).

바울이 회개하기 전에는 다메섹으로 기독교인들을 잡으러 가던 길에 예수님을 만나 "사울아 네가 왜 나를 핍박하느냐?"라는 소리를 들었어요(사도행전 9:1-9).

고린도에서 브리스길라와 아굴라를 만나서 복음을 전할 때 일이에요. 어느 날 밤에 환상 가운데 주님이 바울에게 말씀하셨어요.

"두려워하지 말며 침묵하지 말고 계속 복음을 전해라!"(사도행전 18: 9-10).

예루살렘에 갔을 때도 환상 가운데 예수님을 만났는데 이렇게 말씀하셨어요. "예루살렘을 떠나라! 너를 멀리 이방인들에게 보내겠다"(사도행전 22:17-21).

예루살렘을 방문하여 유대인들의 고소로 붙잡히게 되어 매를 맞았을 때에요. 그날 밤에 예수님이 바울 곁에 서서 이렇게 말씀하셨어요. "용기를 내어라. 네가 예루살렘에서 나를 증거한 것처럼 로마에서도 증거해야 한다"(사도행전 23:11).

바울은 많은 능력을 행하고 신비한 경험을 했지만 그것들을 자신을 자랑하는 데 사용하지 않고 하나님을 높이는 데만 사용했어요.

***계시** : 사람의 지혜로는 알 수 없는 진리를 하나님이 깨우쳐 알게 함

마음 열기

- 내 몸 중에서 가장 약한 부분은 어디인가요?

성경 속으로

- 바울이 다메섹으로 가던 길에서 어떤 소리를 들었나요?
- 바울이 예루살렘에 갔을 때 환상 가운데 예수님께서 하신 말씀은 무엇인가요?
- 바울은 자신의 능력과 신비한 경험을 어떻게 사용했나요?

생각 펼치기

- 내가 천국에 갔다 오는 경험을 했다면 어떻게 할까요?
- 신비한 경험을 했다고 자랑하는 거짓 교사들을 어떻게 하면 좋을까요?
- 예수님이 내 이름을 부르시면서 "너는 성경을 읽고 있느냐?"라고 물으신다면 뭐라고 대답할까요?

나를 향한 질문

- 나는 나쁜 습관을 고치려고 하나요, 감추려고 하나요?

빅 한마디

BIG - Bible in God

거짓 교사들은 자신들의 출신을 자랑하며 하나님께 계시를 받고 신비한 경험을 했다고 자랑했어요. 이에 바울은 복음을 전하기 위하여 겪은 고난과 수고를 자랑했어요. 우리가 자랑할 것은 오직 예수님뿐이에요.

빅 생각

우리가 자랑할 것은 오직 예수님뿐이다.

'약한 것을 자랑하라' 이야기를 그림으로 그려 보세요.

도전!
아무나 풀지 못하는
성경 퀴즈

다음 (　　　)에 알맞은 말을 보기에서 찾아 써 보세요.

이것이 내게서 떠나가게 하기 위하여 내가 (　　　　　　) 주께 간구하였더니

나에게 이르시기를 내 은혜가 네게 족하도다 이는 내 능력이 (　　　　) 데서 온전하여짐이라 하신지라 그러므로 도리어 크게 기뻐함으로 나의 여러 약한 것들에 대하여 자랑하리니 이는 그리스도의 (　　　　　)이 내게 머물게 하려 함이라(고린도후서 12:8-9)

보기) 능력, 네 번, 세 번, 약한, 강한, 사랑

21과 오직 믿음으로 구원

갈라디아서 5:1
그리스도께서 우리를 자유롭게 하려고 자유를 주셨으니 그러므로 굳건하게 서서 다시는 종의 멍에를 메지 말라

안디옥 교회는 바울과 바나바를 이방인들에게 복음을 전하는 선교사로 파송했어요. 바울은 비시디아 안디옥의 회당에서 복음을 전했어요.

바울은 많은 지역을 다니면서 복음을 전했어요. 이때 방문했던 더베, 루스드라, 이고니온, 비시디아 안디옥은 '갈라디아'에 속하는 곳이에요. 그때 세워진 교회들을 가리켜서 갈라디아교회라고 하는데 갈라디아교회 성도들에게 보낸 편지가 '갈라디아서'에요.

갈라디아 교인들은 믿음이 약한 사람들이었어요. 그런데 예루살렘에서 온 거짓 교사들이 바울이 가르친 복음의 내용이 엉터리라고 말했어요. 바울은 "오직 믿음으로 구원받는다"고 가르쳤어요. 그러나 그들은 할례와 율법을 지켜야 구원을 받을 수 있다고 가르쳤어요. 이 말을 들은 갈라디아 교인들은 매우 혼란스러웠어요.

바울은 혼란스러워하는 교인들에게 자신이 전하는 복음이 진리임을 말했어요. 인간의 죄는 하나님의 은혜로만 씻을 수 있으며 예수 그리스도 안에 있을 때 진정한 자유를 누리며 살아갈 수 있어요.

마음 열기

- 지구에 나 혼자 살고 있다면 무엇을 하고 싶나요?

성경 속으로

- 안디옥 교회는 누구를 선교사로 파송했나요?
- 갈라디아에 속하는 지역은 어디인가요?
- 우리는 누구 안에 있을 때 진정한 자유를 누리며 살아갈 수 있나요?

생각 펼치기

- 내가 선교사가 된다면 어느 나라에 가서 선교하고 싶나요? 그 이유는 무엇인가요?
- 거짓 교사들의 이야기를 듣고 혼란스러워하는 갈라디아 교인들에게 뭐라고 하면 좋을까요?
- 하나님이 아니어도 구원받을 수 있다고 말하는 사람들을 만나면 어떻게 해야 할까요?

나를 향한 질문

- 구원 받는 방법이 예수님을 믿는 것 이외에 또 있다고 믿나요?

빅 한마디

BIG - Bible in God

우리의 죄는 하나님의 은혜로만 씻을 수 있어요. 우리는 예수 그리스도 안에 있을 때 진정한 자유를 누리며 살아갈 수 있어요.

빅 생각

예수님 안에서 사는 것이 진정한 자유이다.

거짓 교사의 마음은 어떻게 생겼을까요? 그려 보세요.

마음이 혼란스러운 것을 소리로 나타내보세요.
(어떤 소리인지 적어 보세요.)

이 정도 알면 나는 성경 선생님

● 갈라디아서

갈라디아는 바울이 1차 전도여행 때 복음을 전한 곳이다. 바울은 이 지역에서 복음을 전하면서 돌에 맞아 죽을 뻔 하는 등 유대인들의 핍박을 이겨내고 교회를 세웠다. 갈라디아 교인들은 바울을 통해서 복음을 받아들였지만 믿음이 굳건하게 세워진 상태가 아니었다. 바울이 없는 틈을 타서 유대주의 거짓 교사들은 할례와 율법을 구원의 조건으로 가르쳤다. 교인들은 바울에게 배운 내용과 달라서 매우 혼란스러워했다. 그러자 바울은 자신이 전한 복음이 진리이니 흔들리지 말라고 교인들에게 편지를 썼다.

22과

다른 복음은 없다

갈라디아서 1:7
다른 복음은 없나니 다만 어떤 사람들이 너희를 교란하여 그리스도의 복음을 변하게 하려 함이라

거짓 교사들은 할례를 받고 율법에 있는 것들을 다 지켜야 구원을 받는다고 말했어요. 이 말에 믿음이 흔들리는 교인들을 향해서 바울은 이렇게 말했어요.

"내가 전한 복음은 사람이 만들어 낸 것도 아니고 사람에게서 받거나 배운 것도 아닙니다. 오직 예수 그리스도께서 보여 주신 것입니다"(1:12).

성경의 가르침을 따르지 않고 예수 그리스도의 죽으심과 부활을 믿지 않는 것은 거짓 복음이에요. 또 하나님보다 자신을 믿고 따르라고 가르치는 것은 모두 거짓이에요.

우리가 구원을 얻는데 우리의 노력이나 다른 것이 필요하지 않아요. 오직 믿음으로 구원을 얻으며 이는 하나님께서 주시는 선물이에요.

"사람은 율법을 지켜서 의롭게 되는 것이 아니라 예수 그리스도를 믿음으로 의롭게 됩니다. 우리를 구원하시려고 십자가에서 죽으신 하나님의 아들 예수 그리스도를 믿는 믿음으로 살아가야 합니다. 율법을 지켜서 의롭게 된다면 예수님의 죽음은 헛된 것입니다."

믿음과 구원은 하나님의 은혜로 주어지는 선물이에요.

마음 열기

- 나와 비슷한 사람이 나타나서 나라고 한다면 어떻게 할까요?

성경 속으로

- 복음은 오직 누구로부터 왔나요?
- 거짓 복음이란 어떤 것을 말하나요?
- 믿음과 구원은 누가 주시는 무엇인가요?

생각 펼치기

- "나는 하나님이 보낸 사람이니 나를 따르라!"라고 말하는 사람을 만나면 어떻게 하는 것이 좋을까요?
- 믿음과 구원을 자신의 노력으로 얻는다고 말하는 사람을 만난다면 어떻게 할까요?
- 예수님의 부활을 믿지 않는 사람에게 어떤 이야기를 해 주면 좋을까요?

나를 향한 질문

- 나는 우리가 율법을 지켜서 의롭게 된 것이 아니라 예수님을 믿음으로 의롭게 된 것을 믿나요?

빅 한마디

BIG - Bible in God

성경의 가르침을 따르지 않고 예수 그리스도의 죽으심과 부활을 믿지 않는 것은 거짓 복음이에요. 또 하나님보다 자신을 믿고 따르라고 가르치는 것은 모두 거짓이에요. 믿음과 구원은 하나님의 은혜로 주어지는 선물이에요.

빅 생각

믿음과 구원은 하나님의 선물이다.

예수님을 믿지 않아도 구원을 받을 수 있다고 말하는 사람의 마음을 그려 보세요.

'믿음과 구원은 하나님의 선물이다'를 그려 보세요.

도전! 아무나 풀지 못하는 성경 퀴즈

다음 (　　) 안에 공통으로 들어갈 단어는 무엇인가요?

(　　)들에게서 난 것도 아니요 (　　)으로 말미암은 것도 아니요 오직 예수 그리스도와 그를 죽은 자 가운데서 살리신 하나님 아버지로 말미암아 사도 된 바울은(갈라디아서 1:1)

형제들아 내가 너희에게 알게 하노니 내가 전한 복음은 (　　)의 뜻을 따라 된 것이 아니니라(갈라디아서 1:11)

① 사람　② 천사　③ 군중　④ 친구

23과

성령의 열매

갈라디아서 5:16
내가 이르노니 너희는 성령을 따라 행하라 그리하면 육체의 욕심을 이루지 아니하리라

우리는 죄에 갇혀서 자유가 없는 몸이었어요. 그런데 예수님께서 우리를 대신하여 십자가에서 돌아가심으로 우리는 자유를 얻었어요. 그러므로 이 자유를 자신의 욕심을 채우기 위해서 사용해서는 안 돼요. 그러다 보면 서로 헐뜯고 싸우게 된답니다.

하나님의 뜻에 따르지 않고 자신의 욕심에 따라 사는 것은 멸망에 이르는 길이에요. 음행과 우상숭배와 미움과 시기와 다툼 그리고 편을 나누고 자신의 이익을 위해 다른 사람을 위험에 빠뜨리는 것은 하나님께서 기뻐하시는 행동이 아니에요.

하나님을 사랑하고 이웃을 사랑하며 사는 것이 성령의 열매를 맺는 삶이에요. 그것은 성령님의 인도하심을 따라 사는 거예요.

"성령님을 따라 살면 사랑과 기쁨과 평안과 오래 참음과 자비와 친절과 신실함과 온유와 절제의 열매가 맺힙니다"(5:22-23).

우리는 예수님이 십자가에서 못 박혀 돌아가심으로 새로운 생명을 얻었어요.

그러므로 예수님을 따라 살면 성령의 열매가 주렁주렁 맺혀요.

마음 열기

● '열매'를 생각할 때 무엇이 가장 먼저 떠오르나요?

성경 속으로

● 죄인이었던 우리가 어떻게 해서 자유를 얻었나요?

● 어떻게 할 때 멸망에 이르게 되나요?

● 성령님을 따라 사는 삶에는 어떤 열매가 맺히나요?

생각 펼치기

● 욕심의 끝에는 무엇이 기다리고 있을까요?

● "하나님 사랑해요"라고 말하면 하나님께서 뭐라고 하실까요?

● 성령의 열매 중에서 어떤 열매를 맺고 싶나요? 그 이유는 무엇인가요?

나를 향한 질문

● 나는 성령의 열매를 맺는 사람인가요?

빅 한마디

BIG - Bible in God

하나님을 사랑하고 이웃을 사랑하며 사는 것이 성령의 열매를 맺는 삶이에요. 성령님을 따라 사는 삶에는 사랑과 기쁨과 평안과 오래 참음과 자비와 친절과 신실함과 온유와 절제의 열매가 맺혀요. 성령의 열매를 많이 맺기를 바랍니다.

빅 생각

말씀대로 사는 것이 성령의 열매를 맺는 것이다.

성령의 아홉 가지 열매를 그려 보세요.

도전!
아무나 풀지 못하는
성경 퀴즈

1. 그리스도께서 우리를 (   )롭게 하려고 (   )를 주셨으니 그러므로 굳건하게 서서 다시는 종의 멍에를 메지 말라(갈라디아서 5:1)

① 자유 ② 아름답 ③ 사랑 ④ 친구

2. 만일 우리가 (   )으로 살면 또한 (   )으로 행할지니(갈라디아서 5:25)

① 돈 ② 힘 ③ 성령 ④ 생각

24과

예수 그리스도 안에서 받는 축복

에베소서 1:7
우리는 그리스도 안에서 그의 은혜의 풍성함을 따라 그의 피로 말미암아 속량 곧 죄 사함을 받았느니라

하나님께서 세상을 창조하시기 전에 우리를 선택하셨고 우리를 사랑하셔서 자녀로 삼아 주셨어요. 이 모든 것은 예수님 덕분에 이루어진 일이에요.

예수님이 아니었다면 우리는 이런 복을 받을 수 없었어요. 예수님의 피 흘리심으로 죄를 용서 받고 구원을 얻었어요. 예수님 안에 있을 때 우리는 큰 복을 받아요.

우리는 예수 그리스도 안에서 하나님의 계획에 따라 하나님의 자녀가 되었어요. 그래서 찬양과 영광은 오직 하나님만 받으실 수 있어요. 우리가 예수님을 믿고 예수님의 말씀을 믿는 것은 하나님께서 우리에게 성령님을 보내 주셨기 때문이에요.

성령님은 우리에게 하나님을 더욱 잘 알게 하는 지혜와 총명을 주셔요. 우리 눈을 밝게 해 주셔서 성경을 깨닫게 하시고 우리를 부르신 목적을 알게 하셔요.

우리는 죄 때문에 하나님을 멀리 떠나서 살았어요. 그러나 예수 그리스도의 흘리신 피로 하나님과 가까워졌고 하나님께서 다시 살려 주셨어요. 하나님의 은혜로 구원을 받게 된 거예요.

우리는 예수님 안에서 평안을 누릴 수 있는 은혜의 선물을 받았어요.

마음 열기

- 내가 받은 선물 중에서 기억나는 것은 어떤 것이 있나요?

성경 속으로

- 우리는 어떻게 하나님의 자녀가 되었나요?
- 성령님은 하나님을 더욱 잘 알게 하는 무엇을 주시나요?
- 성령님이 우리 마음의 눈을 밝게 해 주실 때 어떤 일이 일어나나요?

생각 펼치기

- 마음의 눈을 밝게 하려면 어떻게 하면 될까요?
- 내가 큰 잘못을 했는데 선생님께서 용서해 주시면 기분이 어떤가요?
- 신호등을 무시하고 길을 건너고 있을 때 경찰차가 지나가면 어떤 마음이 드나요?

나를 향한 질문

- 하나님께서 나를 선택하셨다고 믿나요?

빅 한마디

BIG - Bible in God

우리는 예수 그리스도 안에서 하나님의 계획에 따라 그분의 자녀가 되었어요. 우리가 예수님을 믿고 예수님께서 하신 말씀을 믿게 되는 것은 하나님께서 우리에게 성령님을 보내 주셨기 때문이에요. 이것이 우리가 누리는 큰 복이에요.

빅 생각

우리는 예수 그리스도 안에서 하나님의 계획에 따라 하나님의 자녀가 되었다.

'마음의 눈'을 그려 보세요.

'복음을 전하는 일꾼'을 그려 보세요.

이 정도 알면 나는 성경 선생님

에베소서, 빌립보서, 골로새서, 빌레몬서는 바울이 감옥에 있을 때 쓴 편지이다. 에베소서는 로마에서 감옥 생활을 할 때 쓴 것으로 알려져 있다. 이 편지는 에베소교회 교인들만을 위한 것이 아니라 소아시아 지역에 흩어져 있는 모든 교회들을 위한 것이다(에베소서 1:1). 성도들이 흩어져서 신앙생활을 하고 있지만 예수 그리스도 안에서 믿음으로 하나가 되었다는 것을 알려 주기 위해서 에베소서를 썼다.

주요한 내용은 교회의 통일성, 성도들의 성결한 삶, 가정을 지키기 위한 남편과 아내와 자녀들의 의무, 믿음을 끝까지 지키기 위한 성도들의 싸움에 대한 것이다.

25과

우리는 그리스도 안에서 하나

에베소서 4:4
몸이 하나요 성령도 한 분이시니 이와 같이 너희가 부르심의 한 소망 안에서 부르심을 받았느니라

바울은 감옥에 갇힌 상태에서 에베소교회 성도들에게 편지를 썼어요. 자신이 감옥에 갇혀 있지만 그것은 '주 안에서 갇힌' 것이라고 말했어요. 그러면서 갇혀 있는 자신을 위해서 어떤 일을 하기보다 그리스도인답게 살아가 달라고 부탁했어요. 그것은 바로 예수 그리스도 안에서 하나가 되는 거예요.

우리는 하나님의 뜻에 따라 사는 하나님의 백성들이에요. 언제나 겸손하고 마음이 따뜻하여 다른 사람을 이해하고 참으며 서로 사랑으로 대해요.

자기의 생각만 옳다고 내세우는 교만은 평안을 깨뜨리고 온갖 나쁜 일을 만들어요. 그러나 겸손과 온유한 마음은 서로를 평안하게 한답니다.

다른 사람들과 다툼이 생기려고 할 때 성령님께서 우리를 평안의 줄로 묶어서 하나가 되게 하셨음을 잊지 말고 서로 사이좋게 지낼 수 있도록 노력해야 해요.

우리의 마음이 하나가 돼야 하는 것은 하나님은 오직 한 분이시기 때문이에요. 예수님도 한 분이시고 믿음도 하나이며 세례도 하나예요. 우리가 하나가 된다는 것은 예수님의 사랑을 나누며 살아가는 것이랍니다.

마음 열기

- 우리 집에서 가족이 다 같이 사용하는 물건은 어떤 것들이 있나요?

성경 속으로

- 바울은 어떤 상태에서 에베소교회 성도들에게 편지를 썼나요?
- 자기의 뜻만 옳다고 주장할 때 어떤 일이 생기나요?
- 우리가 서로 마음이 하나가 돼야 하는 이유는 무엇인가요?

생각 펼치기

- 자기의 생각만 옳다고 주장하는 친구를 보면 어떤 생각이 드나요?
- 친구들끼리 사이좋게 지내기 위해서 무엇이 가장 중요하다고 생각하나요?
- 친구에게 예수님의 사랑을 어떻게 전할 수 있을까요?

나를 향한 질문

- 나는 내 생각만 옳다고 주장하는 사람은 아닌가요?

빅 한마디

BIG - Bible in God

우리가 서로 마음이 하나가 되어야 하는 것은 하나님은 오직 한 분이시기 때문이에요. 예수님도 한 분이시고 믿음도 하나이며 세례도 하나예요. 우리가 하나가 된다는 것은 예수님의 사랑을 나누며 살아가는 것이랍니다.

빅 생각

우리는 모두 예수 그리스도 안에서 한 형제요 한 자매이다.

다음 단어를 그려 보세요.

감옥

자기 생각만 옳다고 주장하는 모습

서로 하나 되는 마음

너그러움

도전!
아무나 풀지 못하는
성경 퀴즈

다음 (　　) 안에 알맞은 단어를 써 보세요.

그가 어떤 사람은 (　　　　)로, 어떤 사람은 (　　　　)로, 어떤 사람은 (　　　　)로, 어떤 사람은 (　　　　)와 (　　　　)로 삼으셨으니

이는 성도를 온전하게 하여 봉사의 일을 하게 하며 (　　　　)을 세우려 하심이라(에베소서 4:11~12)

26과

자녀와 부모

에베소서 5:33
그러나 너희도 각각 자기의 아내 사랑하기를 자신 같이 하고 아내도 자기 남편을 존경하라

예수님께서는 우리를 사랑하셔서 자신을 하나님께 향기로운 제물로 드리셨어요. 그러므로 우리는 예수님께서 우리를 사랑하신 것처럼 다른 사람을 사랑하며 살아가야 해요.

가정에서 남편과 아내는 예수님의 마음으로 서로 사랑해야 해요. 부모와 자녀도 마찬가지에요.

아내는 주님께 순종하듯 남편에게 순종해요. 또 남편들은 예수님께서 교회를 사랑하신 것처럼 아내를 사랑해요.

이 말씀은 부부 중에서 누가 높고 누가 낮은 것이 아니라 하나님 안에서 서로 사랑하고 존중하며 살아야 한다는 뜻이에요.

주님을 믿는 자녀들은 부모님께 순종해야 해요. 십계명에도 "네 부모를 공경하라"고 말씀하셨어요. 부모를 공경하고 부모님께 순종하는 자녀들은 복을 받고 이 땅에서 오래오래 살게 될 것이라고 약속하셨어요.

부모는 자녀들에게 함부로 하거나 힘을 사용하여 억누르는 일을 하지 말아야 해요. 하나님의 말씀을 통해 자녀를 잘 가르쳐야 해요.

우리는 하나님의 사랑을 받는 자녀들이에요.

마음 열기

- 어느 날 갑자기 부모님(또는 선생님)과 내가 역할이 바뀌게 된다면 어떨까요?

성경 속으로

- 가정에서 남편과 아내는 어떻게 해야 하나요?
- 자녀들은 부모님께 어떻게 해야 하나요?
- 우리의 주인은 누구시며 우리는 누구의 사랑을 받는 자녀들인가요?

생각 펼치기

- 엄마(아빠)의 좋은 점은 무엇인가요?
- 부모님의 말씀에 순종해야 하는 이유는 무엇인가요?
- 언니, 형, 동생, 누나, 오빠와는 다투지 않고 잘 지내나요? 만약에 서로 다툰다면 어떤 이유로 다투나요?

나를 향한 질문

- 나는 부모님께 순종을 잘하나요?

빅 한마디

BIG - Bible in God

부모는 자녀들에게 함부로 하거나 힘을 사용하여 억누르는 일을 하지 말아야 해요. 또 자녀들은 부모님께 순종해야 해요. 하나님만이 우리의 주인이시며 우리는 하나님의 사랑을 받는 자녀들이에요. 하나님은 모든 사람들을 똑같이 사랑하신다는 것을 잊지 말아야 한답니다.

빅 생각

내 삶의 주인은 하나님이시다.

우리 가족의 저녁 시간의 모습을 그려 보세요.

도전!
아무나 풀지 못하는
성경 퀴즈

1. 너희가 전에는 어둠이더니 이제는 주 안에서 빛이라 빛의 (　　　　　)들처럼 행하라(에베소서 5:8)
① 사자　　② 자녀　　③ 소리　　④ 친구

2. 그런즉 너희가 어떻게 행할지를 자세히 주의하여 (　　　　　) 없는 자 같이 하지 말고 오직 (　　　　　) 있는 자 같이 하여 세월을 아끼라 때가 악하니라(에베소서 5:15-16)
① 마음　　② 생각　　③ 돈　　④ 지혜

꼭꼭 씹어 먹는 신약4를 정리해봐요

[로마서]

1. 로마서는 어디에 살고 있는 그리스도인들에 쓴 편지인가요?(1과)
2. 구원은 오직 무엇으로 얻나요?(1과)
3. 모든 사람은 의인인가요, 죄인인가요?(2과)
4. 예수님은 우리를 하나님과 화해시키려고 자신을 무엇으로 드리셨나요?(3과)
5. 성령님께서 예수 그리스도를 믿게 하시고 구원을 무엇으로 주시나요?(3과)
6. 우리가 복음을 듣고 예수님을 믿을 때 누가 우리 마음에 찾아오시나요?(4과)
7. 우리 안에 계시는 누가 우리를 새로운 사람이 되도록 이끌어 주시나요?(4과)
8. 우리는 하나님을 뭐라고 부를 수 있나요?(5과)
9. 예수님께서 죽으심으로 우리는 하나님과 어떻게 되었나요?(6과)
10. 하나님께서 기뻐하시는 영적 예배는 어떤 것인가요?(7과)
11. 바울은 1차 전도여행에서 누구와 함께 갔나요?(8과)
12. 바울이 3차 전도여행에서 성경을 가르친 곳은 어디인가요?(8과)
13. 고린도교회에는 어떤 문제가 있었나요?(9과)
14. 바울은 고린도에서 얼마 동안 머물렀나요?(9과)
15. 어떤 마음이 앞설 때 다툼이 일어나나요?(10과)
16. 교인들끼리 서로 다투는 것은 어떤 죄를 짓는 것인가요?(11과)
17. 진정한 자유란 무엇인가요?(12과)

[고린도전서]

18. 결혼은 누구와 누가 하는 것인가요?(13과)
19. 예수님께서는 부활하시고 며칠 동안 세상에 계셨셨나요?(15과)
20. 고린도교회 교인들은 사람이 죽으면 무엇은 사라지고 무엇만 남는다고 믿었나요?(15과)
21. 예수님의 부활을 믿지 못한다면 무엇을 믿지 못하는 것과 같나요?(15과)

[고린도후서]

22. 바울에게 추천서는 무엇이었나요?(17과)

23. 하나님께서 우리에게 복음을 주신 이유는 무엇인가요?(17과)

24. 바울은 자신의 어떤 점을 자랑했나요?(18과)

25. 예루살렘 교회를 돕기 위해서 참여한 교회는 어디인가요?(19과)

26. 헌금은 억지로 드리는 것이 아니라 어떻게 드리는 것인가요?(19과)

27. 가난한 사람들을 돕기 위하여 드릴 때 어떤 마음으로 드려야 하나요?(19과)

28. 바울이 다메섹으로 가던 길에서 어떤 소리를 들었나요?(20과)

29. 바울이 예루살렘에 갔을 때 환상 가운데 예수님께서 하신 말씀은 무엇인가요?(20과)

30. 바울은 자신의 능력과 신비한 경험을 어떻게 사용했나요?(20과)

[갈라디아서]

31. 안디옥 교회는 누구를 선교사로 파송했나요?(21과)

32. 우리는 누구 안에 있을 때 진정한 자유를 누리며 살아갈 수 있나요?(21과)

33. 복음은 오직 누구로부터 왔나요?(22과)

34. 거짓 복음이란 어떤 것을 말하나요?(22과)

35. 죄인이었던 우리가 어떻게 해서 자유를 얻었나요?(23과)

36. 어떻게 할 때 멸망에 이르게 되나요?(23과)

[에베소서]

37. 성령님은 하나님을 더욱 잘 알게 하는 무엇을 주시나요?(24과)

38. 성령님이 우리 마음의 눈을 밝게 해 주실 때 어떤 일이 일어나나요?(24과)

39. 자기의 뜻만 옳다고 주장할 때 어떤 일이 생기나요?(25과)

40. 가정에서 남편과 아내는 어떻게 해야 하나요?(26과)

더 알아 볼까요??

꼭꼭 씹어 먹는 신약4

❖ 바울은 어떤 사람이었을까요?

· 태어난 곳 - 갈라디아의 다소에서 태어났다. 베냐민 자손이며 본명은 사울이다.
· 어떻게 기독교인이 되었을까? - 율법 교사 가말리엘의 아래에서 율법을 배웠고, 기독교인들을 박해하는 데 앞장을 섰다. 스데반 집사가 순교하는 장면을 지켜보았고 다메섹으로 기독교인들을 체포하러 가던 중에 부활하신 예수님을 만나 기독교인이 되었다.
· 어떻게 복음을 전했을까? - 자신의 과거를 회개하고 다메섹에서 그리스도를 전파하다가 유대인들로부터 핍박을 받았다. 바나바와 함께 안디옥으로 가서 1년 동안 봉사를 했다.

❖ 3차 전도여행 일정

· **1차 전도여행** - 바나바와 요한과 함께 실루기아, 구부로, 살라미, 밤빌리라, 이고니온, 루스드라, 더베를 거쳐 다시 안디옥으로 돌아왔다. 이때 루스드라에서 돌에 맞아 죽을 뻔했다.
· **2차 전도여행** - 실라와 함께 수리아 길리기아, 더베와 루스드라, 브루기아, 드로아, 데살로니가, 베뢰아, 아레오바고, 고린도, 에베소를 거쳐서 다시 안디옥으로 돌아왔다. 이때 실라와 감옥에 갇혔을 때 찬송을 하고, 디모데를 만났고, 브리스길라와 아굴라와를 만났다.
· **3차 전도여행** - 에베소, 드로아, 마게도냐, 고린도, 드로아, 앗소, 밀레도, 가이샤라를 거쳐 예루살렘으로 갔다. 예루살렘에서 유대인들의 모함으로 체포되어 헤롯 궁에 감금이 되었다. 2년 동안 갇혀 있다가 로마로 재판을 받으러 가게 되었다. 배를 타고 가던 중 '유라굴로'라는 광풍을 만나서 멜리데 섬에 도착하였다. 로마에 도착하여 2년 동안 구금 상태에서도 복음을 전했다. 로마에서 석방된 후 마게도냐와 여러 곳을 다니며 복음을 전하다가 다시 체포되어 로마 감옥에 갇혔다. A.D. 67년에 로마에서 순교했다고 전해지고 있다(정확한 기록은 없다).

❖ 바울이 기록한 성경

· 데살로니가전후서 - 50년. 고린도에서 데살로니가 교회들에게 썼다.
· 고린도전서 - 55년. 고린도에서 고린도교회 교인들에게 썼다.
· 고린도후서 - 고린도전서를 보낸 뒤 몇 개월 뒤 고린도교회 교인들에게 썼다.
· 로마서 - 57,58년. 고린도에서 로마교회 교인들에게 썼다.
· 갈라디아서 - 56년. 마게도냐에서 갈라디아교회 교인들에게 썼다.
· 골로새서 - 63년. 로마의 감옥에서 골로새교회 교인들에게 썼다.
· 에베소서 - 63년. 로마의 감옥에서 에베소교회 교인들에게 썼다.
· 빌레몬서 - 63년. 로마의 감옥에서 빌레몬에게 썼다.
· 디모데전서 - 63년. 마게도냐에서 디모데에게 썼다.
· 디도서 - 66년. 마게도냐의 감옥에 갇혀 있는 상태에서 디도에게 썼다.
· 디모데후서 - 66년. 로마 감옥에서 디모데에게 썼다.
(기록한 년도는 정확한 것이 아니다.)

만화로 보는

신약4

로마를 향한 바울의 사랑은 멈추지 않았어요.

예수님의 죽음으로 우리는 용서를 받게 되었고 예수 그리스도를 믿음으로 구원을 얻게 된답니다.

예수님을 믿는 사람은 마음뿐만 아니라 말과 행동이 달라지면서 예수님을 닮아가려고 해요.

힘들고 어려울 때마다 하나님을 향해 "아빠 아버지"라고 부르면 하나님께서 우리 손을 잡아 주실 거예요.

예수님을 믿기 전에는 내 마음대로 살았지만 이제부터는 하나님의 뜻대로 살아요.

예수님으로 인해서 새 생명을 얻은 우리가
예수님을 따라 사는 것은 당연한 일이에요.

바울은 부모의 마음으로 교회가 문제를 잘 해결하고 더욱
성장할 것을 소망하면서 고린도 교인들에게 편지를 썼어요.

하나님 앞에서는 누구도 자랑할 게 없어요.
우리가 자랑할 것은 오직 예수님뿐이에요.

성전이 더럽혀지지 않도록 늘 말씀을 읽고
기도하고 하나님을 찬양해요.

예수님을 따라 살며 모든 일에 하나님께 영광
을 돌리는 것이 진정한 자유예요.

결혼은 여자와 남자가 서로 사랑해서
하는 거예요.

믿음, 소망, 사랑은 언제까지 남아 있을 것인데

만일 예수님이 죽음에서 부활하지 않으셨다면 우리의 부활도 없을 거예요.

고린도 교인들이 바울의 편지를 받고 회개하고 바울을 비난한 사람들을 처벌했다는 소식을 전했어요.

하나님께서 복음을 주신 것은 우리가 세상 사람들에게 '그리스도의 향기'로 살아가라는 뜻이에요.

바울은 하늘에서 받을 상급에 소망을 가지고 살았어요.

헌금을 드릴 때 다른 사람과 비교하거나 자신을 자랑하기 위하여 드리지 않아요.

바울은 많은 능력을 행하고 신비한 경험을 했지만 그것들을 자신을 자랑하는 데 사용하지 않고 하나님을 높이는 데만 사용했어요.

인간의 죄는 하나님의 은혜로만 씻을 수 있으며 예수 그리스도 안에 있을 때 진정한 자유를 누리며 살아갈 수 있어요.

믿음과 구원은 하나님의 은혜로 주어지는 선물이에요.

우리가 예수님의 제자가 된 것은 하나님께서 우리를 선택하셨기 때문이에요.

우리가 하나가 된다는 것은 예수님의 사랑을 나누며 살아가는 것이랍니다.

가정에서 남편과 아내는 예수님의 마음으로 서로 사랑해야 해요.

기억력을 높여 주는

성경암송카드 활용법

: 암송카드 만들기

1. 점선을 따라 가위로 그림을 오려 냅니다.
2. 펀치로 구멍을 냅니다.
3. 그림 26개를 모아 고리를 끼워 줍니다.

: 사용법

1. 카드에 그림을 보여 주며 "이게 무슨 내용이지?" 하고 물어봅니다.
2. 뒷면에 있는 말씀을 외우게 합니다.
3. 제목과 요절 말씀을 같이 외웁니다.
4. 첫 주에는 1과 요절만 외우도록 합니다.
5. 2주째는 1과 요절과 2과 요절을 같이 외우도록 합니다.
6. 3주째는 1과, 2과, 3과 요절을 같이 외웁니다.
7. 26과를 공부할 때는 26과 요절을 모두 외웁니다.

: 특징과 효과

1. 이미지 연상법으로 요절을 외우게 되어 기억이 오래갑니다.
2. 반복 훈련을 통해 뇌의 기억력이 증진됩니다.
3. 영어 단어 외우기도 이런 방법을 따르면 효과가 매우 좋습니다.

2 과

죄인을 구원하는 복음

내가 복음을 부끄러워하지 아니하노니
이 복음은 모든 믿는 자에게 구원을 주시는
하나님의 능력이 됨이라
(로마서 1:16)

1 과

로마를 향한 바울의 사랑

예수 그리스도의 종 바울은
사도로 부르심을 받아 하나님의
복음을 위하여 택정함을 입었으니
(로마서 1:1)

INRI
구원

얘들아,
가지마..

아바 아버지!
아바 아버지!

욕심
시기 질투
죄
다툼
게으름
싹둑!

4 과

오직 믿음으로 의롭게 되어요

그러므로 우리가 믿음으로
의롭다 하심을 받았으니
(로마서 5:1)

3 과

우리는 어떻게 구원을 받을까?

그리스도 예수 안에 있는
속량으로 말미암아 하나님의 은혜로
값없이 의롭다 하심을 얻은 자 되었느니라
(로마서 3:24)

6 과

죄에 대하여 죽고 하나님을 위해 산다

이와 같이 너희도 너희 자신을
죄에 대하여는 죽은 자요
그리스도 예수 안에서 하나님께 대하여는
살아 있는 자로 여길지어다
(로마서 6:11)

5 과

하나님을 "아빠 아버지"라고 불러요

너희는 다시 무서워하는 종의 영을
받지 아니하고 양자의 영을 받았으므로
우리가 아빠 아버지라고 부르짖느니라
(로마서 8:15)

알프스
산맥
밀라노
토리노
제노바
피사
피렌체
우디네
베네치아
슬로베니아
보스니아
헤르체고비나
엘바섬
코르시카섬
★로마

고린도교회
싸워라!
싸워라!

아볼로파
베드로파
바울파
그리스도파

8 과

바울의 선교 사명

내가 이방인인 너희에게 말하노라
내가 이방인의 사도인 만큼 내 직분을
영광스럽게 여기노니
(로마서 11:13)

7 과

예수님과 함께하는 삶

그러므로 형제들아 내가 하나님의
모든 자비하심으로 너희를 권하노니
너희 몸을 하나님이 기뻐하시는 거룩한
산 제물로 드리라 이는 너희가 드릴
영적 예배니라
(로마서 12:1)

10 과

주 안에서 자랑하라

기록된 바 자랑하는 자는
주 안에서 자랑하라 함과
같게 하려 함이라
(고린도전서 1:31)

9 과

고린도에 보내는 편지

주 예수 그리스도의 은혜가
너희와 함께 하고 나의 사랑이
그리스도 예수 안에서 너희 무리와
함께 할지어다
(고린도전서 16:23-24)

우리는
하나님의 성전

남편은
그 아내에 대한 의무를 다하고
아내도
그 남편에게 그렇게 할지라

12과

주 안에서 자유로움

모든 것이 내게 가하나 다 유익한 것이
아니요 모든 것이 내게 가하나
내가 무엇에든지 얽매이지 아니하리라
(고린도전서 6:12)

11과

우리는 하나님의 성전

너희는 너희가 하나님의 성전인 것과
하나님의 성령이 너희 안에 계시는 것을
알지 못하느냐
(고린도전서 3:16)

14과

믿음, 소망, 사랑

그런즉 믿음, 소망, 사랑,
이 세 가지는 항상 있을 것인데
그중의 제일은 사랑이라
(고린도전서 13:13)

13과

결혼은 하나님이 주신 선물

남편은 그 아내에 대한 의무를 다하고
아내도 그 남편에게 그렇게 할지라
(고린도전서 7:3)

거짓 교사
자랑
추
천장

다메섹

16과

고린도후서 이야기

하나님 우리 아버지와
주 예수 그리스도로부터 은혜와 평강이
있기를 원하노라
(고린도후서 1:2)

15과

부활

그러나 이제 그리스도께서
죽은 자 가운데서 다시 살아나사
잠자는 자들의 첫 열매가 되셨도다
(고린도전서 15:20)

18과

바울이 겪은 고난

우리가 잠시 받는 환난의 경한 것이
지극히 크고 영원한 영광의 중한 것을
우리에게 이루게 함이니
(고린도후서 4:17)

17과

우리는 그리스도의 향기

우리는 구원받는 자들에게나
망하는 자들에게나 하나님 앞에서
그리스도의 향기니
(고린도후서 2:15)

잘난척!!
으쓱~
으쓱~

갈라디아 교회
?
?
?
?
오직 믿음으로
구원받는다

Bible

20과

약한 것을 자랑하라

내가 부득불 자랑할진대
내가 약한 것을 자랑하리라
(고린도후서 11:30)

19과

감사로 드리는 헌금

할 마음만 있으면 있는 대로
받으실 터이요 없는 것은
받지 아니하시리라
(고린도후서 8:12)

22과

다른 복음은 없다

다른 복음은 없나니 다만 어떤 사람들이
너희를 교란하여 그리스도의 복음을
변하게 하려 함이라
(갈라디아서 1:7)

21과

오직 믿음으로 구원

그리스도께서 우리를 자유롭게 하려고
자유를 주셨으니 그러므로 굳건하게 서서
다시는 종의 멍에를 메지 말라
(갈라디아서 5:1)

사랑
기쁨
평안
오래 참음
절제
자비
친절
신실함
온유

24과

예수 그리스도 안에서 받는 축복

우리는 그리스도 안에서
그의 은혜의 풍성함을 따라
그의 피로 말미암아 속량 곧
죄 사함을 받았느니라
(에베소서 1:7)

23과

성령의 열매

내가 이르노니 너희는
성령을 따라 행하라 그리하면
육체의 욕심을 이루지 아니하리라
(갈라디아서 5:16)

26과

자녀와 부모

그러나 너희도 각각
자기의 아내 사랑하기를 자신 같이 하고
아내도 자기 남편을 존경하라
(에베소서 5:33)

25과

우리는 그리스도 안에서 하나

몸이 하나요 성령도 한 분이시니
이와 같이 너희가 부르심의 한 소망 안에서
부르심을 받았느니라
(에베소서 4:4)

제목으로 정리하는 신약 4

로마서

1과 를 향한 바울의 사랑

2과 죄인을 하는 복음

3과 우리는 어떻게 을 받을까?

4과 오직 으로 의롭게 되어요

5과 을 "아빠 아버지"라고 불러요

6과 에 대하여 죽고 하나님을 위해 산다

7과 예수님과 하는 삶

8과 의 선교 사명

고린도전서

9과 에 보내는 편지

10과 주 안에서 하라

11과 우리는 하나님의

12과 주 안에서 로움

13과 결혼은 하나님이 주신

14과 믿음, , 사랑

15과 활

고린도후서

16과 후서 이야기

17과 우리는 그리스도의

18과 이 겪은 고난

19과 로 드리는 헌금

20과 약한 것을 하라

갈라디아서

21과 오직 으로 구원

22과 다른 은 없다

23과 성령의

에베소서

24과 예수 그리스도 안에서 받는

25과 우리는 그리스도 안에서

26과 와 부모

수료증

이름 :

위 어린이는 꼭꼭 씹어 먹는 성경 신약4(로마서, 고린도전후서, 갈라디아서, 에베소서)과정을 성실하게 마쳐 성경 실력이 쑥쑥 자랐으므로 이에 칭찬하고 수료증을 드립니다.

어려서부터 성경을 알았나니 성경은 능히 너로 하여금
그리스도 예수 안에 있는 믿음으로 말미암아
구원에 이르는 지혜가 있게 하느니라(디모데후서 3:15)

________________ 교회 주일학교